ENTRE

ESPACIOS

TÍTULO:
ENTRE ESPACIOS / BETWEEN SPACES
PRIMERA EDICIÓN / FIRST EDITION
OCTUBRE DE 2024 / OCTOBER 2024

COORDINACIÓN GENERAL
GENERAL COORDINATOR
ISABEL GARCÉS

CONCEPCIÓN EDITORIAL, DIRECCIÓN DE ARTE, EDICIÓN DE TEXTOS E IMÁGENES, DISEÑO GRÁFICO Y DIAGRAMACIÓN
EDITORIAL CONCEPT, ART DIRECTION, TEXT AND IMAGE EDITING, GRAPHIC DESIGN AND LAYOUT
© MESA ESTÁNDAR
JUAN DÍEZ / MIGUEL MESA / ALEXANDRA RAMÍREZ / VERÓNICA MONTOYA

MESA ESTÁNDAR

© TEXTOS
© TEXTS
ANA ELVIRA VÉLEZ
FRANCISCO SANÍN
JORGE BUITRAGO

© FOTOGRAFÍAS
© PHOTOGRAPHS
ANA ELVIRA VÉLEZ
LORENZO CASTRO
ISAAC RAMÍREZ
SERGIO GÓMEZ
ALEJANDRO ARANGO
BUENA IMAGEN

EDICIÓN PLANIMÉTRICA
PLAN EDITING
URBAM EAFIT

CORRECCIÓN DE ESTILO Y CUIDADO DE LA EDICIÓN
PROOFREADING AND COPY-EDITING
CATALINA TRUJILLO-URREGO

TRADUCCIÓN
TRANSLATION
FIONN PETCH

IMPRESIÓN
PRINTED BY
TALLER ARTES & LETRAS S. A. S.

DISTRIBUCIÓN / DISTRIBUTION
COLOMBIA
WWW.MESAESTANDAR.COM
ISBN: 978-628-95800-5-1

RESTO DEL MUNDO / REST OF WORLD
ARQUINE, SA DE CV
ÁMSTERDAM 163 A. COLONIA HIPÓDROMO, 06100
CIUDAD DE MÉXICO
WWW.ARQUINE.COM
ISBN: 978-607-8880-38-6

ESTE LIBRO ES POSIBLE GRACIAS AL GENEROSO APOYO DE / THIS BOOK WAS MADE POSSIBLE THANKS TO THE GENEROUS SUPPORT OF:

ARGOS
UNIVERSIDAD EAFIT
Urbam Centro de Estudios Urbanos y Ambientales
comfama

ENTRE ESPACIOS

ANA ELVIRA VÉLEZ

ANA ELVIRA VÉLEZ VILLA

Cree en el diseño de calidad, consciente y creativo como estrategia capaz de aportar equidad en los diferentes contextos del territorio.
Egresada del Architectural Association School of Architecture, Londres, 1992, inició su trabajo profesional en Medellín en ese mismo año. Desde entonces ha adquirido una amplia experiencia en el diseño de vivienda colectiva y espacio público, obteniendo numerosas distinciones nacional e internacionalmente.
Ha sido conferencista y jurado en diversos eventos y países, al igual que asesora, entre 2012 y 2015, de VIVA (Empresa de Vivienda de Antioquia) y desde 2017 de Hábitat Comfama en la concepción holística, lineamientos y diseño de vivienda urbana y rural en el departamento de Antioquia.

She believes in quality design, conscious and creative, as a strategy capable of bringing equity to the different territorial contexts of Colombia.
A graduate of the Architectural Association School of Architecture, London, in 1992, she began her professional work in Medellín in the same year. Since then she has acquired extensive experience in the design of collective housing and public space, winning numerous national and international awards.
She has been a lecturer and jury member at events in many countries, as well as advisor, between 2012 and 2015, to VIVA (Empresa de Vivienda de Antioquia) and since 2017 to Habitat Comfama on the holistic conception, guidelines and design of urban and rural housing in the department of Antioquia.

in:
situ.

ÍNDICE
CONTENTS

INTRODUCCIÓN

Este libro recoge una de las características específicas que hay detrás de mis obras y proyectos de arquitectura, enfocados en el diseño y la construcción de vivienda colectiva, espacio público y equipamiento urbano en diferentes contextos, y en compañía de diversos actores, aliados y socios.

Quiero mostrarles mi trabajo mediante los espacios intermedios que lo identifican y lo hacen adecuado para el trópico, es decir, a través de aquellos lugares que permiten transiciones claras y fluidas entre el interior y el exterior, y que por lo tanto, gradúan y amplían el uso.

INTRODUCTION

This book revolves around one of the specific characteristics behind my architectural works and projects, which focus on the design and construction of collective housing, public space and urban facilities in different contexts, accompanied by diverse actors, allies and partners.

I want to present my work to you through the in-between spaces that identify it and make it suitable for the tropics, that is, through those places that allow clear and fluid transitions between indoors and outdoors, and thereby regulate and expand how they are used.

Los lugares intermedios o *entre espacios* —como prefiero llamarlos— son elementos que enlazan los programas espaciales, ordenan y hacen más plena la vida. Aunque suelen tomarse por accesorios y pasar desapercibidos, son espacios primarios porque articulan al edificio con el clima y el paisaje, relacionan los lugares entre sí y con el contexto para un buen funcionamiento arquitectónico, urbano, cultural y ambiental.

La articulación de los *entre espacios* determina una parte significativa de mis búsquedas espaciales que, en mi opinión, llevan a pensar en una interpretación de las formas de habitar nuestro territorio.

El libro se desarrolla en tres capítulos: el primero muestra mi línea de pensamiento; en el segundo, el central, presento los diferentes *entre espacios,* y, por último, hay un epílogo con la pequeña instalación que sintetiza la idea de esta publicación.

The intermediate places or *between spaces*—as I prefer to call them—are elements that link up the spatial programs, establish order, and enrich people's lives. Although they are often treated as accessories and go unnoticed, they are primary spaces because they connect the building with the climate and the landscape, and they relate places to each other and to their context to ensure a proper architectural, urban, cultural, and environmental functioning.

The articulation of these *between spaces* determines a significant part of my spatial research that, in my opinion, leads us to think about how to interpret the forms in inhabiting our territory.

This book unfolds in three chapters: the first sets out my line of thought; the second, main section presents the different types of *between spaces*, and finally there is an epilogue with a small installation that synthesizes the idea behind this publication.

LÍNEA DE PENSAMIENTO

Se trata de los hilos invisibles que tejen y construyen un proyecto. Estos lazos obedecen al deseo de establecer vínculos entre el lugar, los modos de vida, el espacio colectivo y las obras y los proyectos que he desarrollado a lo largo de treinta años de ejercicio profesional.

Como arquitectos nos enfrentamos a encargos diversos, en los que varían los lugares y los emplazamientos, las escalas y los actores; lo interesante es cómo el pensamiento atraviesa cada obra con intensidades diferentes y define una postura arquitectónica.

LINE OF THOUGHT

These are the invisible threads that weave and construct a project. These ties are the result of the desire to establish links between the place, the ways of life, the collective space and the works and projects that I have developed over thirty years of professional practice.

As architects, we are presented with different kinds of commissions that involve a great variety of sites and locations, scales and actors; what is interesting is how our thinking crisscrosses each work with different intensities, and comes to define a specific architectural approach.

LAS LÍNEAS DE INTERÉS:

• LA HUELLA
La creación de un lugar

• LA OBSERVACIÓN
Las formas de habitar que definen una identidad

• LAS SECUENCIAS ESPACIALES
Su técnica y materialidad

Estos conceptos me permiten aclarar las decisiones esenciales que debo tomar durante el desarrollo de un encargo; es a partir de estos principios desde donde nacen los proyectos.

THE LINES OF INTEREST:

• FOOTPRINT
The creation of a place

• OBSERVATION
Ways of life that define an identity

• SPATIAL SEQUENCES
Techniques and materiality

These concepts help me clarify the essential decisions that I have to take in the development of a commission; it is on the basis of these principles that the projects emerge.

LA HUELLA

LA CREACIÓN DE UN LUGAR

Nuestro territorio, con más de un millón de kilómetros cuadrados, nos presenta una gran variedad geográfica y climática que contiene todos los pisos térmicos; desde cordilleras majestuosas, llanos infinitos, ríos imponentes y 2.900 kilómetros de costas. Es sobre esta diversidad donde se posan las ciudades y los centros poblados de nuestra región, cada una con su identidad propia definida por el suelo que la sostiene y su forma urbana.

FOOTPRINT

THE CREATION OF A PLACE

Our territory, with more than one million square kilometers, presents us with a great geographic and climatic variety, including majestic mountain ranges, boundless plains, imposing rivers, and 2,900 kilometers of coastline. It is amidst this diversity that the cities and population centers of our region stand, each one with its own identity determined by the surface that sustains it and its urban form.

Dentro de este marco de complejidad contextual busco crear lugares consecuentes con el entorno, transformar el paisaje para que proporcione bienestar y que de este modo podamos tener una percepción profunda del contexto mediante la arquitectura.

A través de las diferentes herramientas de proyección espacial arquitectónica intento comprender las dinámicas de la geografía y el clima para establecer lugares que sugieran vistas cercanas o lejanas, conecten o redireccionen caminos, ritualicen los espacios y propicien confort mediante umbrales diluidos.

Within this framework of contextual complexity, I seek to create places that are consistent with their environment, transforming the landscape for the wellbeing of people in a manner that deepens our perception of our surroundings through architecture.

Through the different tools of architectural spatial projection, I try to understand the dynamics of geography and climate to create places that suggest near or distant views, connect or redirect paths, ritualize spaces, and provide comfort through attenuated thresholds.

LA OBSERVACIÓN

LAS FORMAS DE HABITAR QUE DEFINEN UNA IDENTIDAD

OBSERVATION

WAYS OF LIFE THAT DEFINE AN IDENTITY

Examino los hábitos cotidianos de las personas —dormir, comer, cocinar, lavar, descansar, jugar, trabajar, etcétera— para comprender la estrecha relación entre los humanos y su entorno físico. Son las formas de habitar las que definen identidades particulares. Me interesan las de nuestros paisajes andinos y tropicales.

I examine people's daily habits—sleeping, eating, cooking, washing, resting, playing, working, etc.—in order to understand the close relationship between humans and their physical environment. Our ways of inhabiting define particular identities, and I am interested in those of our Andean and tropical landscapes.

En nuestro contexto, los elementos espaciales típicos más interesantes —aunque precisos y definidos— suelen ser ambiguos, porque se crean bajo la necesidad objetiva de articular adentro y afuera en un clima sin estaciones, pero en el que hace sol y llueve constantemente. Algunos de estos espacios como balcones, terrazas, zaguanes, pasillos y patios son parte integral de las formas del hábitat popular, que se han grabado en la memoria colectiva y pasan de generación en generación.

Creo que debemos comprender y valorar esos elementos espaciales que se producen casi de memoria, pero es urgente redefinirlos bajo parámetros de sostenibilidad ambiental y cultural, y mediante la innovación tectónica para construir lugares que tengan una identidad apropiada y actual.

In the Colombian context, the typical spatial elements—although precise and defined—are usually ambiguous because they emerge from the need to connect inside and outside in a climate without seasons, but where it is always both sunny and rainy. Some of these spaces, such as balconies, terraces, hallways, corridors and courtyards, are an integral part of the traditional forms of our way of life, which have been engraved in the collective memory and are passed from generation to generation.

I believe that we must understand and value these spatial elements that are generated almost by reflex action, yet it is also urgent to redefine them according to the parameters of environmental and cultural sustainability, and by means of tectonic innovation to build places that have an appropriate and up-to-date identity.

SECUENCIAS ESPACIALES

SU TÉCNICA Y MATERIALIDAD

Pienso que las secuencias espaciales, que van de lo privado a lo público, se deben construir de forma gradual para que la transición y la articulación entre el interior y el exterior sean posibles, claras y fluidas, y permitan la apropiación y el disfrute. Estas sucesiones deben hilarse por medio de umbrales con diferentes espesores, introducidos en medio de los espacios de uso específico. La escala y la cantidad de estos umbrales dependen de la dimensión del programa y de su contexto urbano o rural, pero nunca deben omitirse si queremos que los espacios se carguen de vida.

SPATIAL SEQUENCES

TECHNIQUES AND MATERIALITY

I think that spatial sequences that move from the private to the public should be built gradually so that the transition and articulation between inside and outside are possible, clear and fluid, while allowing appropriation and enjoyment. These sequences should be connected by means of thresholds with different thicknesses, introduced in between the spaces with specific uses. The scale and number of these thresholds depend on the size of the program and its urban or rural context, but they should never be omitted if we want the spaces to be filled with life.

Mis proyectos apuestan por formas elementales con una alta capacidad de relacionamiento. Mediante la repetición y los giros compositivos busco espacialidades diversas y con nitidez plástica. Se trata de una arquitectura construida con materiales sencillos, propios de la región, en la que la interpretación de los tipos espaciales y de los detalles arquitectónicos asociados a los espacios intermedios o *entre espacios* configuran el todo. Es así como una banca antes de una puerta, un bloque de concreto calado para delimitar un jardín o un balcón que define el quicio de una vivienda, ocupan mi especial atención.

My projects advocate for simple elemental forms with a high capacity for establishing relationships. Through repetition and compositional twists I seek diverse spatialities that offer visual clarity. It is an architecture built with simple, regional materials, in which the interpretation of spatial types and architectural details associated with the intermediate or *between spaces* make up the whole. Thus, a bench before a door, an openwork concrete block to delimit a garden, or a balcony that defines the corner of a house, occupy my special attention.

ENTRE ESPACIOS

Los *entre espacios* constituyen una estrategia de diseño. Como he contado previamente, está basada en tres líneas de interés: la creación del lugar, las formas de habitar que definen una identidad y las secuencias espaciales. Se trata de una búsqueda o de una convicción que no depende del encargo, de los socios, del sitio o el presupuesto; está presente en los proyectos como el verde en las plantas y evoluciona.

Los *entre espacios* están en medio de los espacios, tan delgados o extensos como estos lo permitan, construyen una serie de vínculos entre el afuera y el adentro para acoger los rituales del diario vivir individual y colectivo. Forman una táctica de diseño que lleva a dilatar los bordes y los perímetros, a ampliar y espesar los límites, a otorgar capacidades al espacio que se considera de simple tránsito o a la materia que se valora únicamente como protección. Es por eso que esta estrategia conduce al control y el disfrute del clima, del agua lluvia, la vegetación, el aire y la luz.

BETWEEN SPACES

Between spaces is a design strategy. As I have mentioned, this is based on three lines of interest: the creation of a place, ways of living that define an identity, and spatial sequences. It is an approach or a conviction that doesn't depend on the commission, the partners, the site or the budget; it is present in projects the way that green is present in plants, and it evolves.

Between spaces are in the middle of spaces, as slender or as broad as these allow, and establish a series of connections between the inside and the outside to receive the rituals of individual and collective life. They form a design tactic that causes borders and perimeters to dilate, expanding and thickening these limits, endowing capacity on the space that is treated as merely for transit, or the material valued solely as protection. That is why this strategy leads to the control and enjoyment of the climate, of rainwater, vegetation, air, and light.

A los *entre espacios* se les reconoce fácilmente por su ausencia o poca importancia en los presupuestos, a pesar de que promueven la apropiación y el uso más allá de lo privado, a pesar de que garantizan la socialización. Son una apuesta para definir todo aquello indefinido en el encargo, en el programa y en el contexto inmediato.

Los *entre espacios* se manifiestan en antejardines, porches, quicios, vestíbulos, escaleras, puentes, calles elevadas, corredores, patios, balcones, aleros y cubiertas. Por este motivo presento obras y proyectos que, en mi opinión, interpretan estos elementos y los reúnen con intensidad.

Los *entre espacios* son la textura más auténtica de nuestro paisaje construido, en el campo, la periferia y la ciudad.

Between spaces are easily recognized by their absence or lack of importance in budgets, despite the fact they promote public appropriation and use, despite the fact that they foster socialization. They are a strategy to define everything that is left undefined in the commission, the program, and the immediate context.

Between spaces appear in front gardens, porches, doorways, vestibules, stairways, bridges, elevated streets, corridors, courtyards, balconies, eaves and roofs. For this reason I present here works and projects that, in my opinion, interpret these elements and bring them together with a certain intensity.

Between spaces are the most authentic texture of our built landscape, in the countryside, in the suburbs, and in the city.

ANA ELVIRA VÉLEZ

ENTRE ESPACIOS

BETWEEN SPACES

«La arquitectura debería concebirse como una configuración de lugares intermedios claramente definidos. Esto no implica una transformación continua o un aplazamiento interminable del lugar y la ocasión. Por el contrario, implica un rompimiento con el concepto contemporáneo (digamos enfermedad) de la continuidad espacial y la tendencia a borrar todas las articulaciones entre espacios, es decir, entre el exterior y el interior, entre un espacio y otro (entre una realidad y otra). En su lugar la transición debe articularse por medio de lugares intermedios definidos que permiten el conocimiento simultáneo de lo que es significativo al otro lado. Un espacio intermedio en este sentido proporciona el terreno común donde las polaridades conflictivas pueden ser fenómenos gemelos».

ALDO VAN EYCK,
CITADO EN ROBERT VENTURI.
(1974).
Complejidad y contradicción en la arquitectura.
Complexity and Contradiction in Architecture.

Editorial Gustavo Gili,
pág. 131.

"Architecture should be conceived of as a configuration of intermediary places clearly defined. This does not imply continual transition or endless postponement with respect to place and occasion. On the contrary, it implies a break away from the contemporary concept (call it sickness) of spatial continuity and the tendency to erase every articulation between spaces, i.e., between outside and inside, between one space and another (between one reality and another). Instead the transition must be articulated by means of defined in-between places which induce simultaneous awareness of what is significant on either side. An in-between space in this sense provides the common ground where conflicting polarities can again become twin phenomena."

El motivo por el cual las calles y los barrios tradicionales de ciudades como Medellín están entre jardines obedece, entre otras cosas, a que en la década de los cincuenta se promovió la creación y uso de antejardines delante de casas y edificios, como parte de una estrategia para mejorar el aspecto de la ciudad y fomentar el contacto con la vegetación.

El antejardín es el área libre comprendida entre las líneas de demarcación de la calle o el andén y la línea de construcción de un edificio. Se trata de un lugar para sembrar plantas con flores, arbustos y árboles de gran porte que ofrecen una antesala fresca y colorida a las actividades humanas.

The reason that traditional streets and neighborhoods of cities like Medellín are between gardens is due, among other things, to an initiative in the 1950s to promote the creation and use of front gardens in homes and buildings, as part of a strategy to improve the appearance of the city and encourage contact with vegetation.

The front garden is the open area demarcated by the line of the street or sidewalk and the first line of construction of a building. It is a place to grow flowering plants, bushes and overhanging trees that offer a fresh and colorful antechamber for human activities.

ENTRE JARDINES

BETWEEN GARDENS

PARQUE DE LOS PIES DESCALZOS

BAREFOOT PARK

AÑO / YEAR:
1999-2000
LUGAR / LOCATION:
MEDELLÍN, ANTIOQUIA
ENCARGO / CLIENT:
PRIVADO / PRIVATE

Se trata de una obra pionera en Medellín que mostró la necesidad de contar nuevamente con espacios públicos de calidad, motivó y sirvió de base a una serie de proyectos e intervenciones urbanas que transformaron la ciudad durante los primeros quince años de este siglo.

Pies Descalzos es un lugar para los sentidos, el ocio y el disfrute. Las texturas naturales de la piedra, la vegetación y el agua crean una nueva identidad espacial. El parque y la plaza constituyen un gran antejardín para el edificio institucional adyacente.

El edificio sirve de fondo activo al jardín y ofrece en planta baja un umbral público alargado y protegido por un alero de toda la extensión del volumen. Este vestíbulo sombreado une el adentro y el afuera y permite la contemplación, la reunión y la espera.

Caminar descalzo y en paz entre espejos de agua, guaduales, chiminangos, búcaros, pisos de piedra y arena es una experiencia urbana poco común en Medellín que vale la pena tener.

Jardín

Terreno donde se cultivan plantas con fines ornamentales. La palabra jardín viene del francés antiguo *jart* 'huerto', 'vallado', 'espacio limitado por una cerca', y se corresponde con el *garten* alemán y el *garden* inglés.

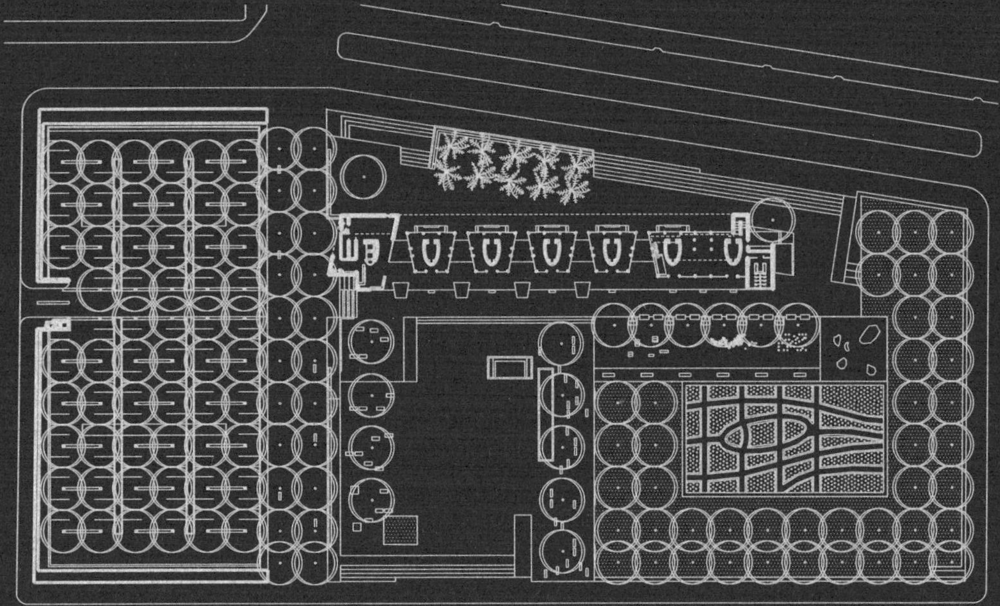

This is a pioneering development in Medellín that made clear the need for new, high-quality public spaces. It motivated and served as a starting point for a series of urban projects and interventions that transformed the city in the first decade and a half of the current century.

The Barefoot Park is a space for all the senses, for leisure and enjoyment. The natural textures of stone, vegetation and water create a new spatial identity. The park and the plaza together comprise a large front garden for the adjacent institutional building.

This building in turn acts as an active backdrop to the garden, with an extended public threshold on the ground floor that is protected by an overhang running its full length. This shaded vestibule joins inside and outside and provides space for contemplation, gathering, and waiting.

Peacefully walking barefoot among pools of water, bamboo clumps, chiminangos (*Pithecellobium dulce*), búcaros (*Erythrina fusca*), and areas of flat stone and sand is a rare urban experience in Medellín that is well worth having.

BORDE JARDÍN BOTÁNICO

BOTANICAL GARDEN BORDER

AÑO / YEAR:
2005-2007
LUGAR / LOCATION:
MEDELLÍN, ANTIOQUIA
ENCARGO / CLIENT:
PRIVADO / PRIVATE

Esta intervención urbana hace parte del proceso de transformación del sector Universidad de Antioquia que incluyó la construcción del parque de los Deseos, el Parque Explora, el centro de Desarrollo Cultural de Moravia y el acondicionamiento de la calle Carabobo, entre otras obras. Y ha servido para crear un gran espacio público de antesala a los barrios del norte de la ciudad.

En reemplazo del muro ciego que rodeaba al Jardín Botánico, se crea un parque perimetral con un borde translúcido. La operación arquitectónica ensancha el límite del jardín y convierte su antiguo borde en un antejardín ancho que es una sucesión de anillos con usos diversos. Transforma el paramento original en una rambla circunvalar dotada del amoblamiento y la vegetación adecuada para poderla disfrutar. Incluso anima el recorrido mediante elementos gráficos y figurativos en el suelo adoquinado.

El Botánico queda articulado a la ciudad de modo que es posible gozar del jardín tropical sin la necesidad de estar dentro de él gracias a que suma más de 30.000 m² nuevos de espacio público para caminar y pasear entre jardines y árboles.

Garden

Plot of land used to cultivate plants for ornamental purposes.

The word 'garden' comes from Old French *jart*, whose meaning was 'orchard', 'enclosure', and corresponds to German *garten* and French *jardin*.

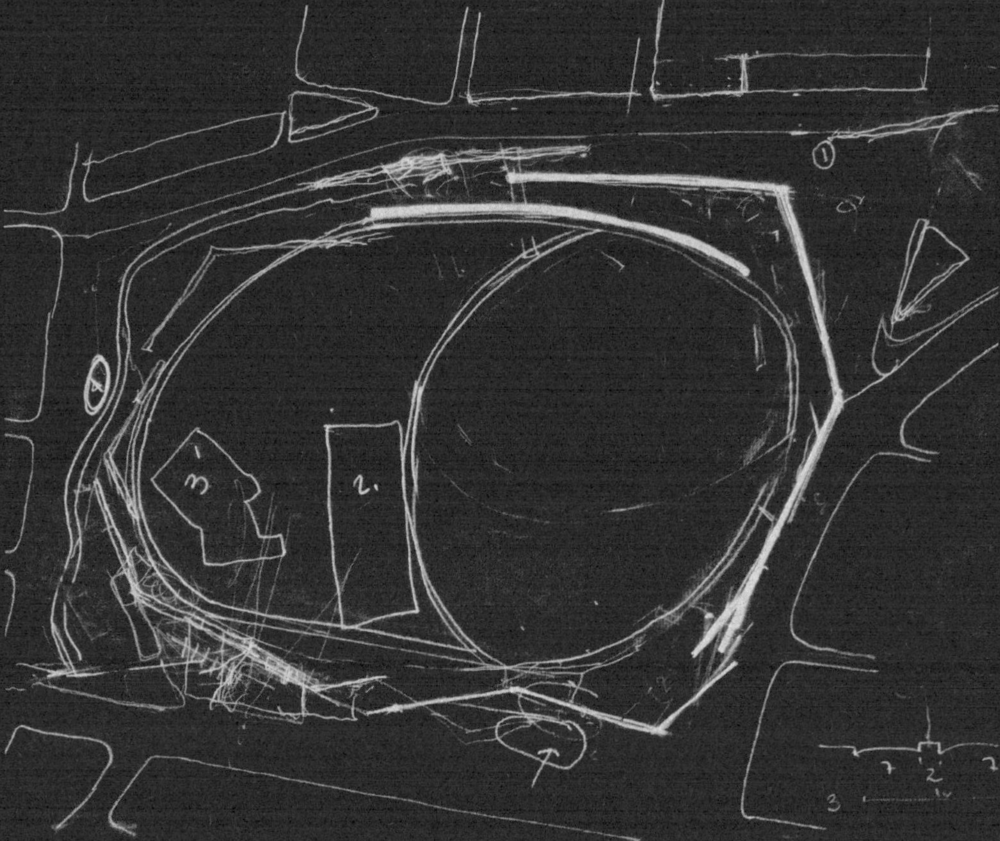

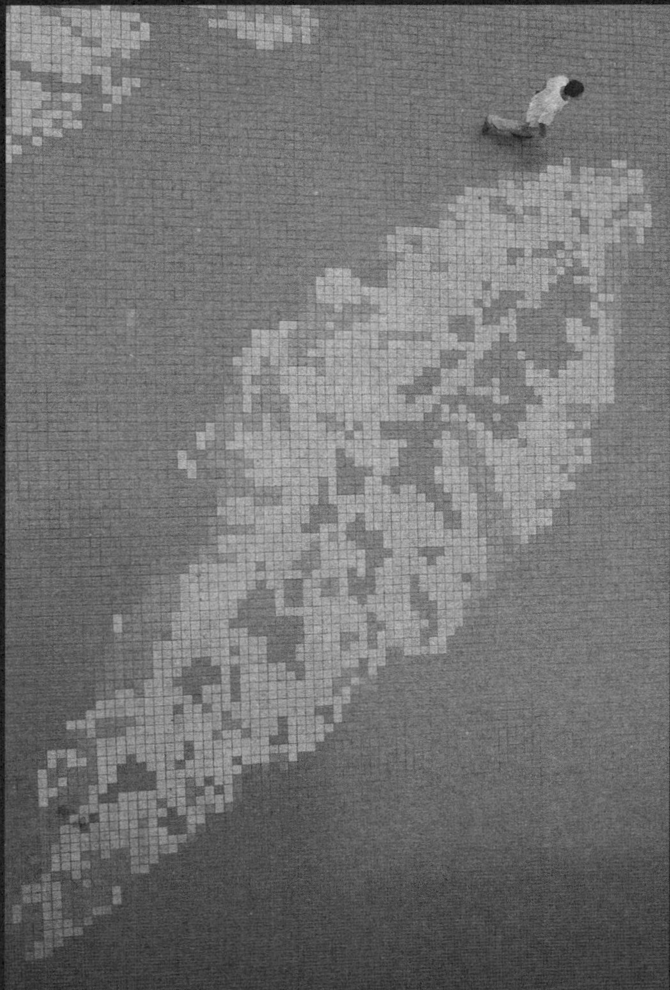

This urban intervention forms a part of the transformation process of the Universidad de Antioquia sector that included the construction of the Parque de los Deseos, the Parque Explora, the Moravia Cultural Center, and the refurbishment of Carabobo street, among other works. It served to establish a significant public space that forms an antechamber for the neighborhoods on the north side of the city.

Replacing the blind wall that encircled the Botanical Garden, it creates a perimeter park with a permeable boundary. The architectural operation broadens the edges of the garden, and transforms its former border into a wide front garden that forms a succession of rings with different uses. It converts the original wall into a circumferential promenade with suitable fixtures and vegetation to enjoy it, and even animates the route with graphic and figurative elements on the cobblestone floor.

In this way, the Botanical Garden becomes connected to the city in such a manner that the tropical garden can be enjoyed without having to enter, thanks to this addition of 30,000 m^2 of new public space for strolling and wandering among trees and gardens.

SAN MARINO II

AÑO / YEAR:
2018-2020
LUGAR / LOCATION:
CAREPA, ANTIOQUIA
ENCARGO / CLIENT:
PRIVADO / PRIVATE

Una vida pausada y agradable, en medio de jardines con árboles nativos y un sistema de drenaje de aguas lluvias, ocurre en este barrio ubicado en el interior de la trama urbana del municipio de Carepa, en Urabá, Antioquia.

La secuencia de pequeños parques y antejardines hacen de antesala a 102 casas unifamiliares adosadas por parejas y dotadas cada una con cubierta a dos aguas, celosía en madera, patio posterior para futuras ampliaciones y un porche de acceso con banca en concreto para sentarse a contemplar árboles, arbustos y flores.

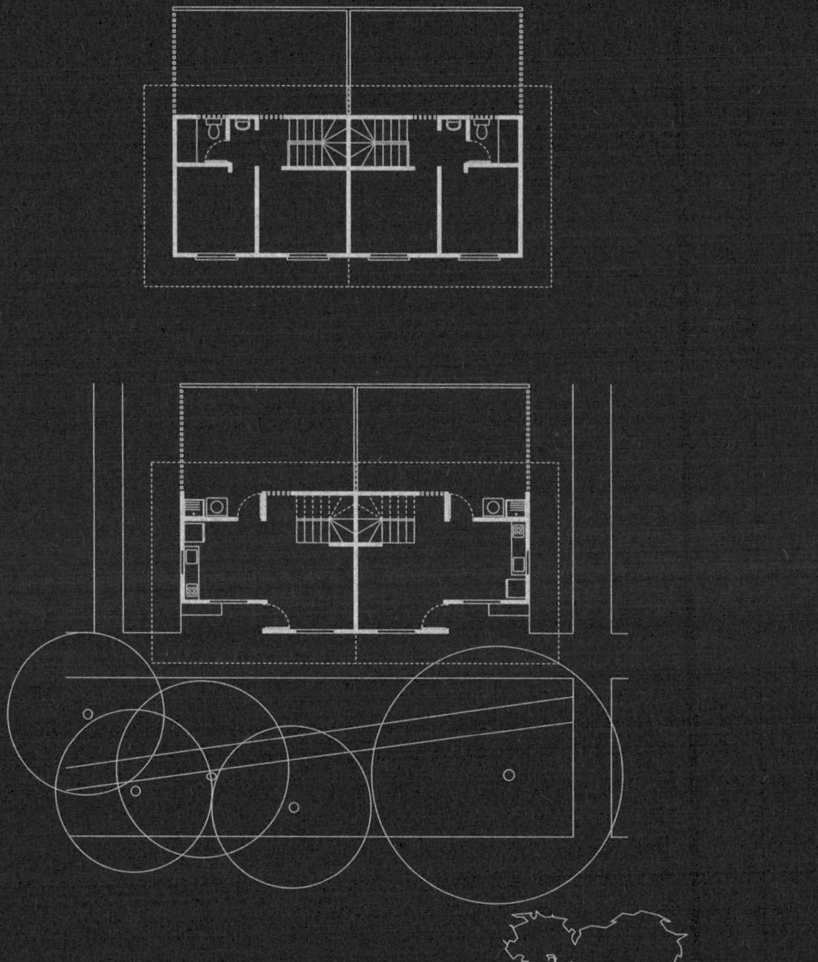

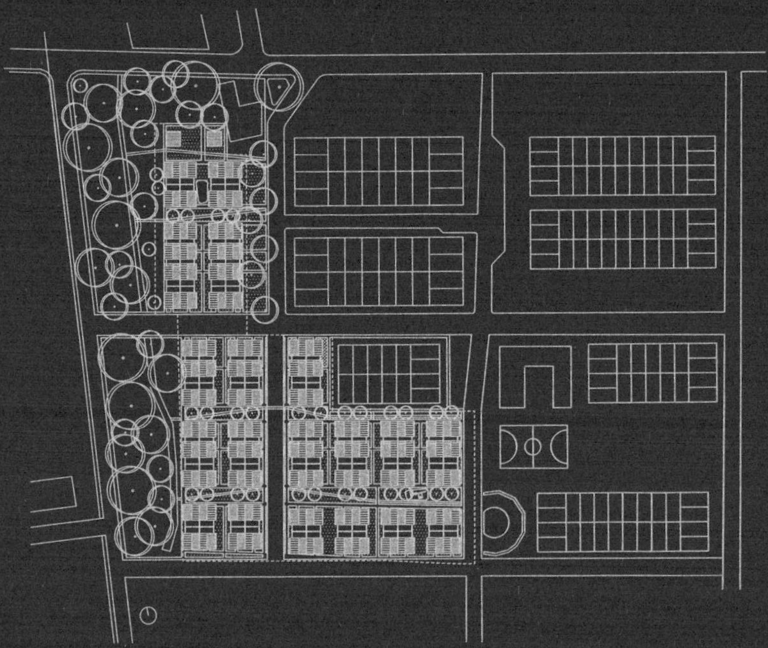

A leisurely and pleasant way of life, amidst gardens with native trees and a rainwater drainage system, is possible in this neighborhood located within the urban fabric of the municipality of Carepa, in Urabá, Antioquia.

The sequence of small parks and front gardens form an antechamber to 102 single-family, semi-detached dwellings, each with a pitched roof, wooden lattice screens, rear patio for future expansion and an entrance porch with a concrete bench to sit to contemplate the trees, bushes and flowers.

SAN MARTINO II

Por lo general, el porche se encuentra delante de la entrada de una vivienda o edificio. Sirve como antesala, recepción o lugar de espera y está definido por una cubierta que se extiende desde el muro de la fachada, cubre el acceso y reposa sobre las columnas que constituyen su frente. En ocasiones, debido a su extensión o altura, se puede convertir en galería, corredor, cobertizo o atrio; pero siempre es un lugar abierto por el cual circula el aire y alcanza a entrar de costado el agua lluvia.

El porche es un espacio entre la casa y el jardín, entre la fachada del edificio público y el andén. Se usa tanto para conversar o sentarse a contemplar el paisaje como para realizar labores sencillas o protegerse de la lluvia. Y se adorna con plantas y muebles que permiten usarlo cómodamente.

In general, a porch is found before the entrance to a home or other building. It serves as an antechamber, reception space or waiting room and is defined by a roof extending from the wall of the façade, covering the entrance and resting on columns at the front. Sometimes, due to its extension or height, it may become a gallery, corridor, verandah or atrium; but it is always an open space through which air circulates and where rainwater may enter from the sides.

The porch is a space between the house and the garden, or between the façade of a public building and the sidewalk. It is used for conversations or for sitting to contemplate the landscape as much as it is to carry out simple tasks or shelter from the rain. It may be adorned with plants and furnishings that allow for its comfortable use.

PORCHE

PORCH

VILLA AMAPOLA

AÑO / YEAR:
1993-1994
LUGAR / LOCATION:
LA CEJA, ANTIOQUIA
ENCARGO / CLIENT:
PRIVADO / PRIVATE

En las afueras del municipio de La Ceja, al oriente de Antioquia, dieciséis viviendas unifamiliares se reúnen en una manzana alargada que en su momento definía la última calle de este barrio pero que gracias al crecimiento urbano y a la autoconstrucción quedó prontamente incorporada en la trama de la ciudad.

Un espacio público dinámico caracteriza a esta obra gracias a la fachada frontal que mediante una delicada curvatura en forma de s, a lo largo del volumen, logra variar la profundidad del antejardín y la posición del quicio y de la puerta de cada vivienda.

Este gesto general en el volumen anima tanto la calle como la arquitectura y se ve estimulado por la presencia y profundidad que adquieren los porches de acceso con sus bancas y los balcones que se proyectan sobre ellos. Se trata de una imagen que recrea las entradas a las viviendas de los pueblos de Antioquia: puerta abierta, zaguán y silla en el corredor.

Porche

Espacio cubierto adosado a la fachada de un edificio. La palabra porche, cobertizo en la entrada de un edificio, viene del catalán *porxe*. Se trata de la evolución del latín *porticus* 'pórtico', derivado de *porta* 'puerta'. Se asocia con la raíz indoeuropea per- ('llevar', 'traer').

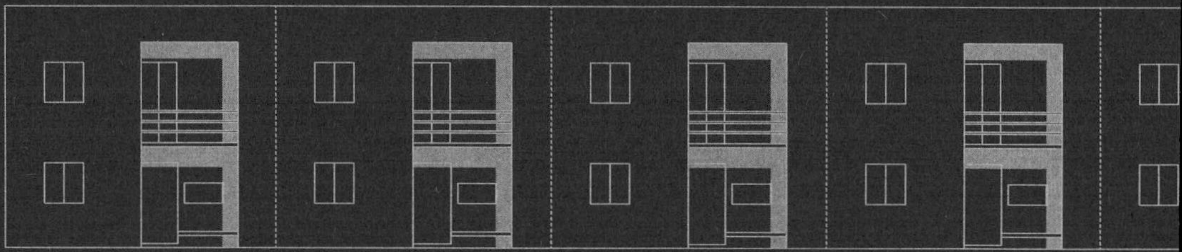

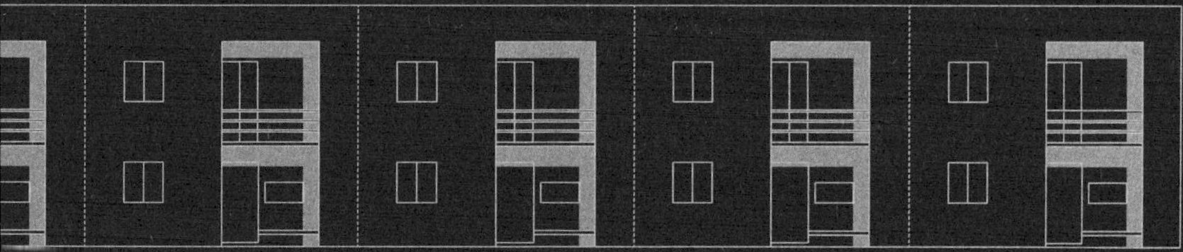

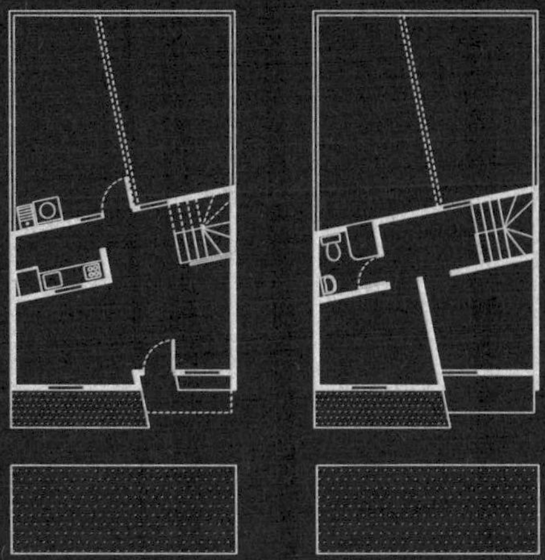

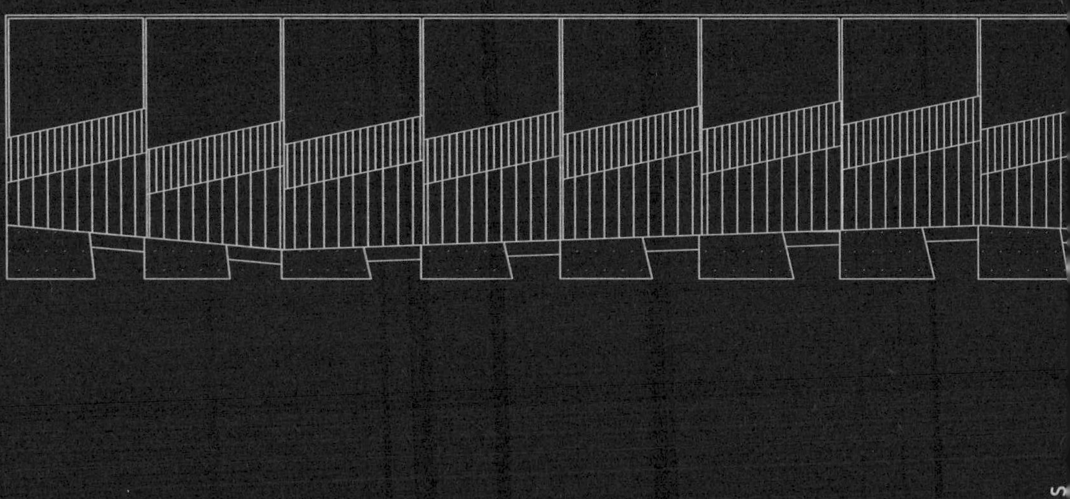

On the outskirts of the municipality of La Ceja, to the east of Antioquia, sixteen single-family dwellings are gathered in an elongated block that originally defined the final street in this neighborhood. However, as a result of urban growth and self-built housing, it was soon incorporated within the city.

A dynamic public space characterizes this work thanks to the frontal façade that with its gently curving S-shape along the length of the volume varies the depth of the front garden and the position of the hallway and door of each home.

This overall gesture in the volume serves to animate both the street and the architecture, and is stimulated by the presence and depth acquired by the entrance porches with their benches and the balconies projecting above them. This is an image that recreates the typical entrances to Antioquia village homes: open door, vestibule, and chair in the corridor.

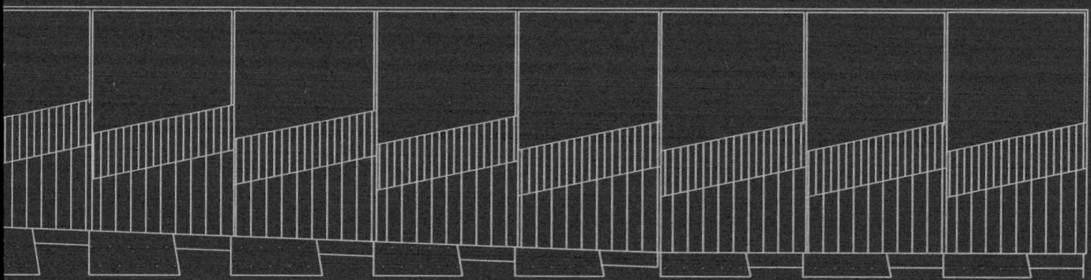

ALDEA NAVARRO

AÑO / YEAR:
2021-2023
LUGAR / LOCATION:
CORREGIMIENTO NAVARRA, CALI
ENCARGO / CLIENT:
CONCURSO PÚBLICO / PUBLIC COMPETITION

Aldea Navarro representa un modo de vida transicional entre lo urbano y lo rural. El proyecto de vivienda rural y productiva busca reubicar 367 familias que se encuentran asentadas en áreas de riesgo, a orillas del río Cauca, sobre un lote seguro y perpendicular al cauce, y al mismo tiempo articular el paisaje periurbano de Navarro con el área urbana de Cali, ubicada a unos 5 kilómetros.

El paseo de los Samanes es el espacio colectivo principal de la Aldea, una calle sinuosa que recorre el predio alargado desde el borde del río Cauca hasta el Parque Ecológico Navarra al oeste. Ramales perpendiculares definen las áreas para las parcelas productivas (de entre 300 y 500 m^2) y los conjuntos de viviendas. Este sendero o paseo principal cuenta con canales de agua, jardines y árboles nativos que constituyen un ambiente placentero para el vecindario y que permite incluso comercializar sus productos.

La casa típica, de 42 m^2, es modular, hecha en madera, con la cubierta a dos aguas y tiene la posibilidad de ampliarse dentro de su propio volumen. Se posa sobre una plataforma de concreto flotante y cuenta con dos accesos: el trasero, que antecede una zona de trabajo y es adyacente a las zonas húmedas y al área para una futura escalera, y el principal, protegido por un porche elevado que sirve como espacio social o lugar para realizar labores sencillas.

Porch

Covered space attached to a building's façade.
The word 'porch', meaning a roofed structure before an entrance to a building, comes from Old French *porche*, from Latin *porticus*, 'covered gallery', 'portico', derived from *porta* 'door'. From the Proto-Indo-European root *per-* ('to lead', 'pass over').

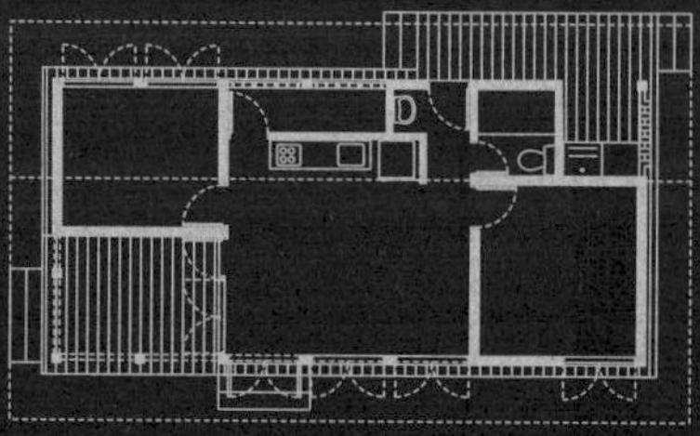

P27

Aldea Navarro represents a transitional way of life between urban and rural settings. The rural productive housing projects seeks to relocate 367 families, who were living in at-risk areas along the banks of the Cauca River, to a secure lot lying perpendicular to the river. At the same time it connects up the peri-urban landscape of Navarro with the urban zone of Cali, some five kilometers away.

The Paseo de los Samanes is the principal collective space in the village, a winding street that runs the length of the elongated development from the banks of the Cauca River to the Parque Ecológico Navarra in the west. Perpendicular branching streets mark out the areas for the productive parcels (between 300 and 500 m^2) and the groups of houses. This main street incorporates water channels, gardens and native trees to provide a pleasant setting for the neighborhood as well as areas to sell their produce.

The 42 m^2 model house is modular, built from timber, with a pitched roof and room for expansion within the same volume. It is placed on a floating concrete platform and has two entrances: from the rear, leading to a work area and adjacent to the wet rooms and space for a future staircase; and the main entrance, protected by an elevated porch that serves as a space for socializing or for carrying out simple tasks.

PRADERA

AÑO / YEAR:
2015-2016
LUGAR / LOCATION:
SALGAR, ANTIOQUIA
ENCARGO / CLIENT:
PÚBLICO-PRIVADO /
PUBLIC-PRIVATE

Estas cincuenta viviendas rurales y productivas, ubicadas en la vereda Las Margaritas del municipio de Salgar en el suroeste de Antioquia, surgen como respuesta a la tragedia que propició la avalancha de la quebrada Liborina en el año 2015.

Sobre el lote, con forma de abanico y pendiente suave, se dispone una vía central ascendente que incluye áreas de uso colectivo y de la cual se ramifican los senderos secundarios que llevan a parcelas trapezoidales. Estas últimas se disponen en hileras paralelas a las curvas de nivel brindándole a cada vivienda vistas lejanas sobre el valle.

La casa típica, de 60 m^2, está compuesta por dos naves con cubierta a dos aguas que se traslapan para generar el porche de acceso con una banca en concreto y un jardín para huertos y pequeños cultivos. Tanto la mañana como la tarde pueden iniciar y culminar con una conversación en el porche.

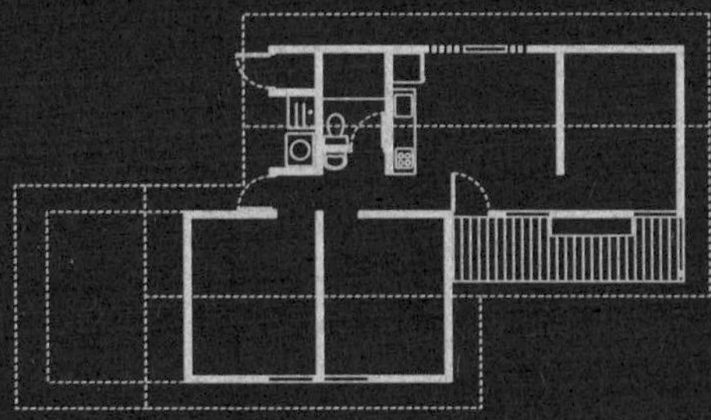

These fifty rural productive homes, located in the rural district of Las Margaritas in Salgar municipality to the south-west of Antioquia, were built in response to the tragedy resulting from the Liborina landslide in 2015.

On the gently sloping, fan-shaped lot, an ascending central road was constructed that includes areas for collective use and from which secondary paths branch off, leading to trapezoidal plots. The latter are arranged in rows parallel to the contour lines, giving each dwelling distant views over the valley.

The model house measures 60 m² and comprises two volumes covered by pitched roofs that overlap to generate the entrance porch, together with a concrete bench and a small garden for cultivation. In this way, morning and evening can begin and end with a conversation on the porch.

La escalera y el puente son elementos arquitectónicos que permiten salvaguardar las diferencias entre niveles y por lo tanto acceder horizontal o verticalmente a los espacios. Pero se trata también de piezas de articulación que pueden ser estancias más allá de la necesidad de circulación o movilidad. Aunque son comunes en la escala urbana y en la doméstica, resultan indispensables en los barrios de ladera para resolver la comunicación entre las viviendas y el espacio público, pero sobre todo porque gracias a ellos ocurren lugares complementarios, entre los paramentos y las calles, que son escenario privilegiado de la sociabilidad del vecindario.

The staircase and the bridge are architectural elements that make it possible to overcome differences between levels and thereby connect spaces horizontally or vertically. They are also spaces of connection that can be rooms in their own right beyond the requirement for circulation or mobility. Although they are common on the urban and domestic scale, they are essential in hillside neighborhoods to provide communication between homes and public space, but above all because they make possible complementary places, between the walls and the streets, that form a privileged scenario for social encounter in the neighborhood.

ESCALERA-PUENTE

STAIRCASE-BRIDGE

ARROYUELOS

AÑO / YEAR:
2007-2008
LUGAR / LOCATION:
RIONEGRO, ANTIOQUIA
ENCARGO / CLIENT:
PRIVADO / PRIVATE

A Arroyuelos, casa campestre de dos niveles, se accede mediante un puente que cruza sobre un jardín de helechos y salva las diferencias topográficas del terreno mientras da paso a la puerta principal de la vivienda en el segundo piso. Este puente que continúa hacia el interior —atraviesa la doble altura de la zona social, proporciona vistas a los jardines y conduce a las habitaciones superiores—, también alcanza a desplegar, justo después del ingreso, la escalera que lleva al área social de la casa ubicada en su nivel inferior. Puente y escalera constituyen un paseo para recorrer la vivienda y por lo tanto son su espina dorsal.

Escalera

Conjunto de peldaños o escalones que enlazan dos planos a distinto nivel en una construcción o terreno, y que sirven para subir y bajar.
La palabra escalera viene de los sustantivos latinos *scalaria* y *scalae* ('peldaños', 'escaleras', documentado en escritos del arquitecto romano Vitrubio). *Scalae* se deriva del verbo *scandere* 'subir', 'escalar', 'bajar'. Estos vocablos latinos se asocian a la raíz indoeuropea *skand-* ('brincar', 'trepar').

Puente

Construcción de piedra, ladrillo, madera, hierro, hormigón, etc., que se construye y forma sobre los ríos, fosos y otros sitios, para poder pasarlos.
La palabra puente viene del latín *pons*, *pontis* ('puente').

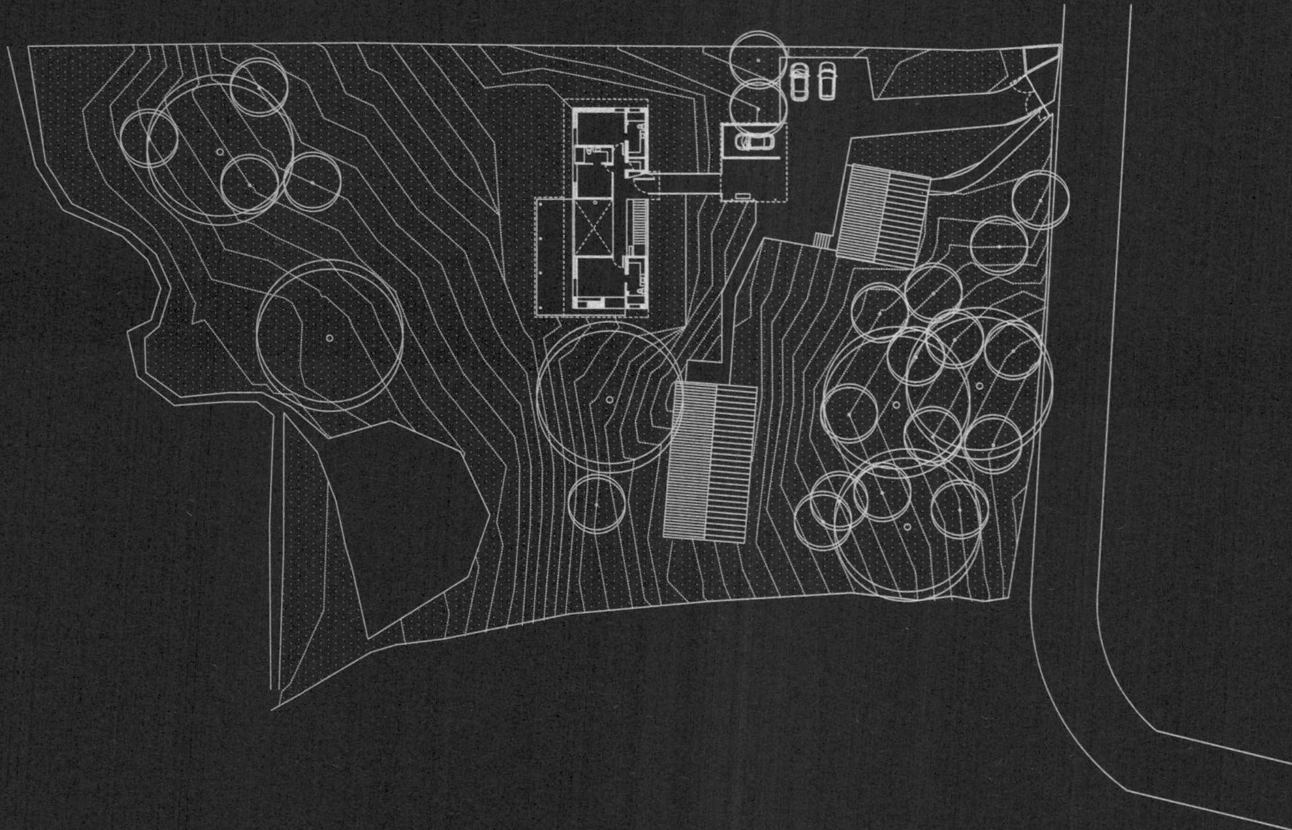

Arroyuelos, a two-floor country house, is reached via a bridge that crosses above a fern garden and overcomes the difference in level of the site, while providing access to the principal entrance to the home on the second floor. This bridge continues on the inside, crossing the double-height space of the social area of the house, providing views over the gardens and then leading to the upper rooms. Just inside the entrance, it also serves to deploy the staircase that descends to the social areas on the lower floor. Bridge and staircase together constitute a route through the house, forming its backbone.

CAMINITO 72

AÑO / YEAR:
2020-2023
LUGAR / LOCATION:
MEDELLÍN, ANTIOQUIA
ENCARGO / CLIENT:
PRIVADO / PRIVATE

Caminito 72 hace parte de un programa de redensificación urbana en Medellín, es un piloto para el desarrollo de vivienda nueva en los barrios ya establecidos de la ciudad. El edificio se ubica en el barrio Manrique, próximo al Jardín Botánico de la ciudad, y se levanta en un lote estrecho —6.50 m de frente por 18 m de profundidad— de una manzana muy alargada que desciende sobre la pendiente del terreno, entre la calle 72 y la quebrada trasera.

El pequeño edificio de cuatro pisos más un semisótano ofrece ocho viviendas en dos módulos habitables, uno mira la quebrada y otro la calle, articulados por un sistema de escaleras y puentecillos abiertos que cruzan un patio vertical con paredes vegetales. Sobre la calle se ubica un local comercial como complemento a la dinámica residencial del barrio.

Staircase

Set of steps that connect two flat areas on different levels in a construction or terrain, and serve to ascend or descend between them.
The word 'staircase' comes from Old English *stæger* 'stair', 'staircase', 'flight of steps'. This is reconstructed to be from PIE **steigh-* 'go', 'rise', 'stride', 'step', 'walk').

Bridge

Construction of stone, brick, wood, steel, concrete, etc., built over rivers or ravines to provide passage.
The word 'bridge' comes via Old English *brycge* from Proto-Germanic **brugjo*, in turn from the PIE root **bhru* 'log', 'beam'.

Caminito 72 forms part of an urban re-densification program in Medellín, a pilot project for the development of new housing in the city's established neighborhoods. The building is located in the Manrique district, near the city's Botanical Garden, and stands on a narrow lot—6.50 m of frontage by 18 m deep—on a very elongated block that descends the gradient of the land between Calle 72 and the ravine to the rear.

The small four-story building plus a semi-basement offers eight dwellings in two modules, one facing the ravine and the other the street, articulated by a system of staircases and open bridges that cross a vertical patio with green walls. A commercial space is located on the street as a complement to the residential dynamics of the neighborhood.

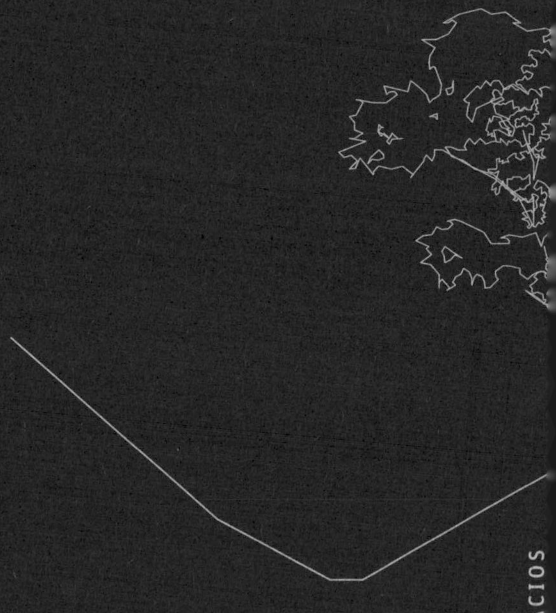

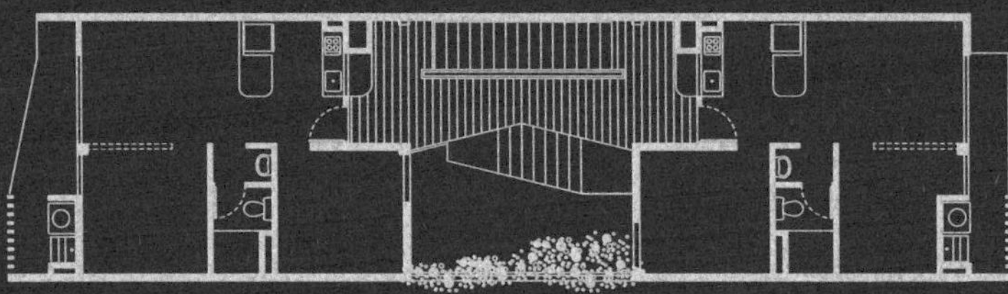

CAÑAVERAL

AÑO / YEAR:
1996-1998
LUGAR / LOCATION:
MEDELLÍN, ANTIOQUIA
ENCARGO / CLIENT:
PRIVADO / PRIVATE

La urbanización Cañaveral, vecina de Atlántida, se asienta en la ladera noroccidental de Medellín que tiene formas sinuosas con pendientes cercanas al 35 %. Esta condición le permite vistas panorámicas sobre el valle y hace que cada vivienda funcione como un balcón.

Las manzanas alargadas responden a la forma de abanico de la topografía mediante cintas paralelas a las cotas de nivel que además de delinear los senderos peatonales, las escaleras y patios de acceso, los convierte en quicios y antesalas propias de cada vivienda. Estos lugares intermedios articulan los interiores con el exterior de modo gradual, evitan circulaciones encapsuladas y por lo mismo hacen posible el contacto con el paisaje.

Los bloques están constituidos por lotes adosados de 6 m de frente por 12 m de fondo. Cada lote contiene tres viviendas escalonadas de tal forma que el acceso a ellas se hace mediante el sendero peatonal inferior o el superior. A pesar de la superposición, cada apartamento cuenta con un patio, bien sea para acceder o para captar luz, aire y agua. La concentración de las viviendas en estas cintas libera los espacios exteriores para ubicar parqueaderos, zonas verdes comunes y una edificación de uso mixto para reuniones vecinales.

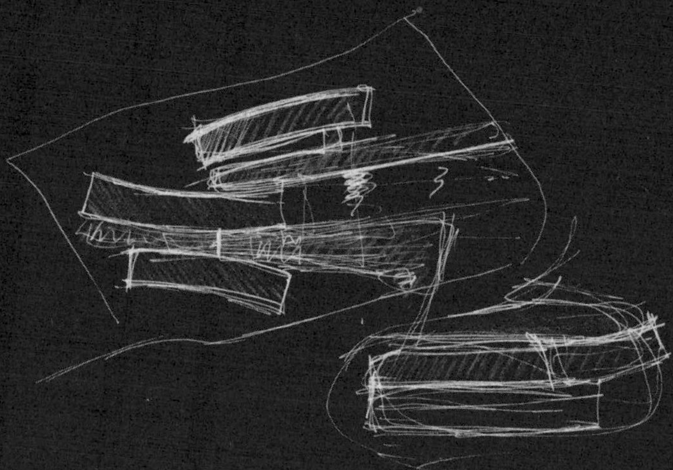

The Cañaveral urbanization, adjacent to Atlántida, sits on the north-western slopes of Medellín, which has sinuous forms with gradients as steep as 35%. This condition provides it with panoramic views over the valley and means each house functions as a balcony.

The elongated blocks respond to the fan shape of the topography, with strips that run parallel to the contours which, in addition to delineating the pedestrian paths, stairways and entrance patios, turn them into the hallway and anterooms of each dwelling. These intermediate places connect the interiors with the exterior in a gradual way, avoid encapsulating the circulation routes, therefore making contact with the landscape possible.

The blocks are made up of terraced lots each measuring 6 m on the front and 12 m in depth. Each contains three houses stacked in such a way that access alternates between the lower or upper pedestrian path. Despite the overlap, each flat has a patio, either for access or to capture light, air and water. The concentration of the dwellings in these strips frees up the exterior spaces for parking, communal green areas, and a mixed-use building for neighborhood gatherings.

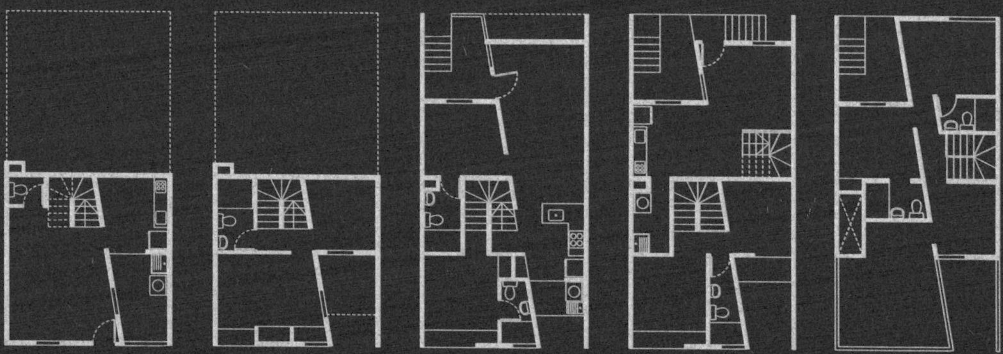

La calle aérea es un sendero o pasarela elevada que en la vivienda de la modernidad suele aparecer como circulación extensa, iluminada y ventilada, de acceso a los apartamentos y recintos colectivos. En nuestra arquitectura tropical este tipo de elementos arquitectónicos como pasarelas y corredores de varios niveles expuestos al paisaje son deseables y oportunos porque además de comunicar y ofrecer espacios frescos y ventilados, funcionan como balcones, miradores y estancias.

The aerial street is an elevated path or walkway that in modern housing usually manifests itself as an extensive circulation route that is illuminated and ventilated, providing access to apartments and collective spaces. In our tropical architecture this type of architectural elements, such as walkways and corridors on multiple levels exposed to the landscape, are desirable and appropriate because, in addition to serving as physical connections and offering fresh and ventilated spaces, they function as balconies, viewpoints, and outdoor rooms.

CALLE AÉREA

AERIAL STREET

LA HABANA

AÑO / YEAR:
2015-2016
LUGAR / LOCATION:
SALGAR, ANTIOQUIA
ENCARGO / CLIENT:
PÚBLICO-PRIVADO /
PUBLIC-PRIVATE

La Habana hace parte del proyecto de reconstrucción del municipio de Salgar, en el suroeste antioqueño, luego de la tragedia que causó el desbordamiento de la quebrada La Liborina en el año 2015.

Los nuevos bloques de vivienda se ubican en las afueras del casco urbano de este municipio que tiene importantes restricciones para su expansión debido a la forma lineal y contenida del valle escarpado en el que se asienta. El lote es alargado, desciende hacia la vía principal y finalmente a la quebrada, y se compone de una pequeña planicie cercana a un equipamiento deportivo.

Tres largos bloques de tres pisos se asientan en el terreno siguiendo las cotas de nivel y dejando una terraza entre ellos para jardines y juegos infantiles. Las circulaciones horizontales de los bloques son más que elementos para la movilidad: conforman amplios corredores de fachada que sirven como balcones, estancias, lugares para poner plantas o bicicletas y, en general, para disfrutar el paisaje. Las puertas de cada apartamento se retranquean para albergar una banca en concreto. Sencillo gesto que activa esas calles aéreas.

Calle

Vía pública, habitualmente asfaltada o empedrada, entre edificios o solares.
La palabra calle viene del latín *callis* 'sendero'. Inicialmente, *callis* se refería a la senda que hacían los animales, como las vacas al pastar y viene de la misma raíz que *calx* ('talón') de donde también procede la palabra calzado.

Aérea

Levantada, elevada, ligera.
La palabra aérea viene del griego *aer*, *aeros* que significa 'aire'.

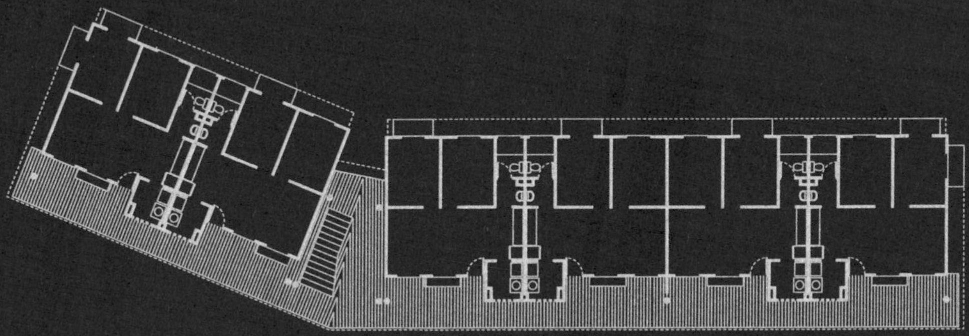

BLOQUE 1

La Habana forms part of the reconstruction project in the municipality of Salgar in southwestern Antioquia, after the tragedy caused by the flash flood that hit La Liborina in 2015.

The new housing blocks are located on the outskirts of the urban center of this municipality, which is significantly restricted in terms of where it can expand, due to the linear contained form of the steep valley in which it is located. The lot is elongated, sloping down to the main road and from there to the creek, and offers a small plain near a sports facility.

Three long three-story blocks are placed on the lot following the contour lines, while leaving a terrace between them for gardens and playgrounds. The horizontal circulations of the blocks are more than just connecting elements: they form broad corridors along the façades that serve as balconies, rooms, space for plants or bicycles and, in general, to enjoy the landscape. The doors of each apartment are recessed to accommodate a concrete bench, a simple gesture that activates these aerial streets.

JARDINES COMFAMA

AÑO / YEAR:
2017-2024
LUGAR / LOCATION:
APARTADÓ, ANTIOQUIA
ENCARGO / CLIENT:
PRIVADO / PRIVATE

Se trata de las primeras cuatro etapas de un conjunto habitacional que llegará a ocho y que hace parte del proyecto Plan Maestro de Jardines del Modelo Hábitat de la caja de compensación Comfama. La intención es construir un barrio de densidad media y baja altura entre jardines, árboles nativos y zonas de uso colectivo en un lote adyacente al río Apartadó que bordea el casco urbano de este municipio del Urabá antioqueño.

El Paseo Jardines es la columna vertebral del barrio, una vía sinuosa que lo atraviesa de sur a norte culminando en Parques Dó, a la orilla del río. Desde el paseo se accede a través de senderos peatonales ajardinados que dan paso a 34 bloques de 5 pisos. Estos pequeños parques de antesala a los apartamentos, ofrecen zonas de juegos, gimnasios y lugares de contemplación.

Los bloques de vivienda están caracterizados por un sistema de calles aéreas que aglutinan circulaciones horizontales, escaleras abiertas, balcones corridos, porches de ingreso a los apartamentos y bancas de espera junto con mallas metálicas para plantas trepadoras. Esta agrupación de elementos enriquece las áreas comunes de los bloques al ofrecer espacios aptos para el intercambio social y para disfrutar el paisaje cercano.

Street

Public thoroughfare, typically surfaced with asphalt or stone, between buildings or plots of land. The word 'street' comes from Late Latin *strata*, 'paved road'. This in turn is from PIE *stre-to-* 'to stretch, extend'.

Aerial

Raised, elevated, lofty. The word 'aerial' comes from the Greek *aer*, *aeros* meaning 'air'.

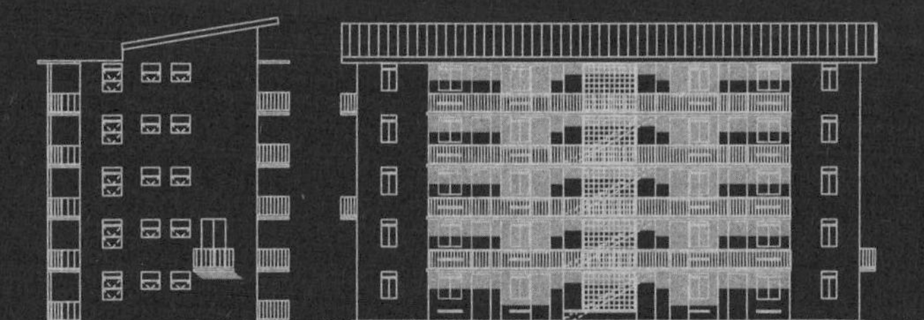

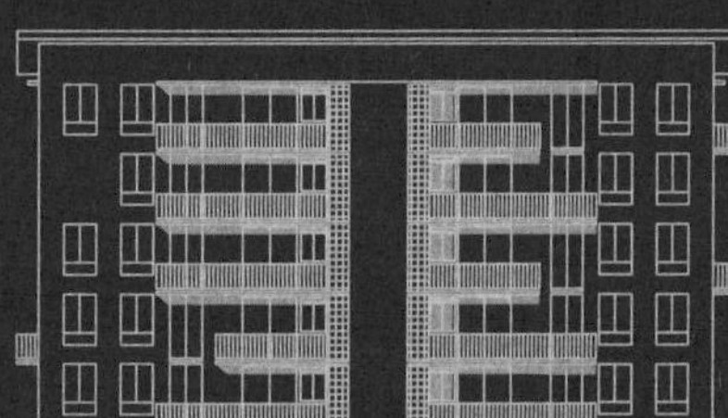

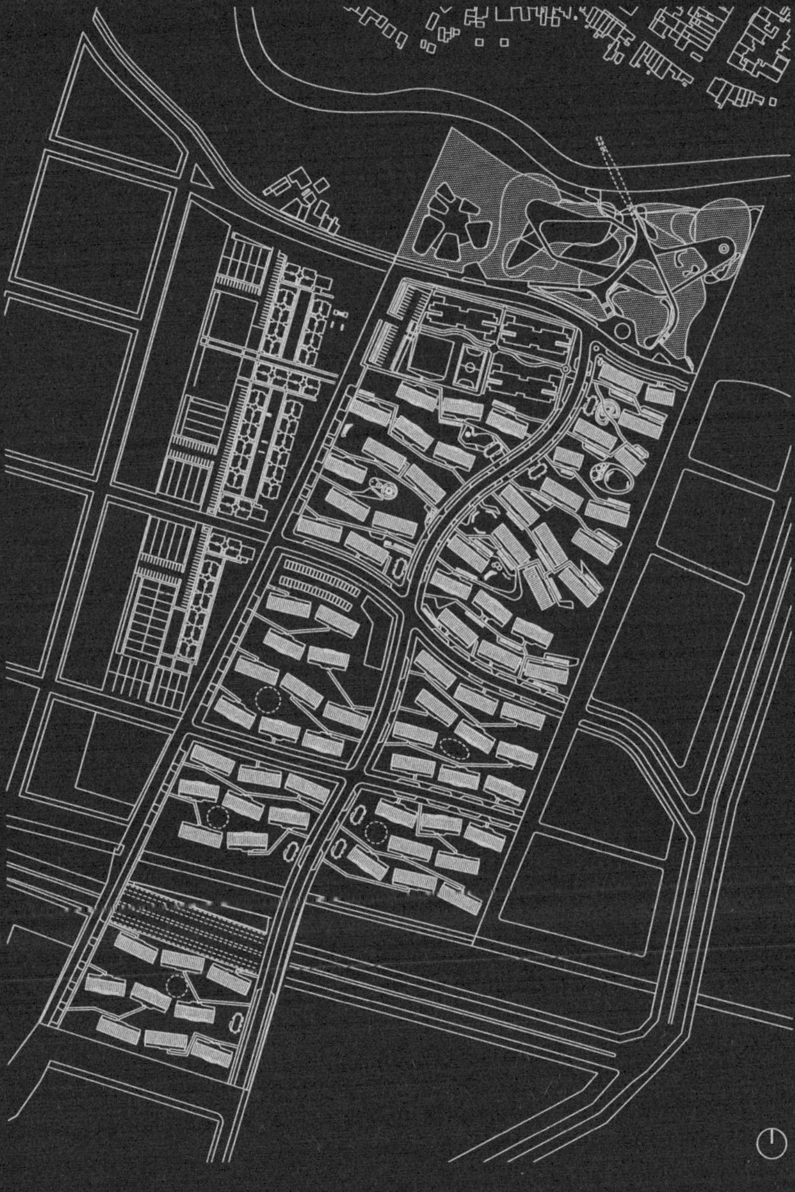

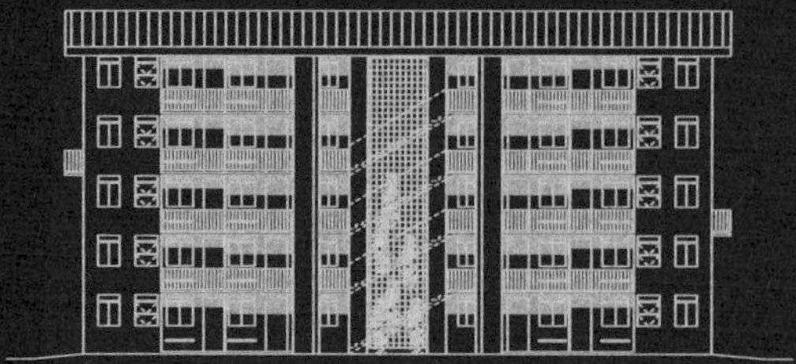

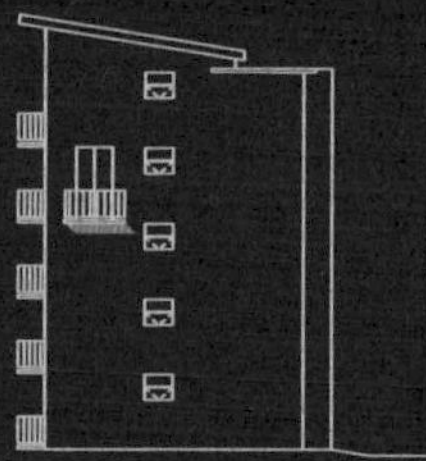

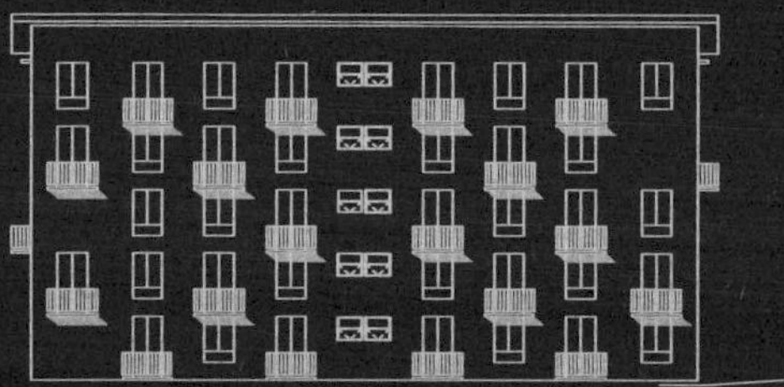

These are the first four phases of a housing complex that will eventually grow to eight, and form part of the Habitat Model Garden Master Plan project of the Comfama Compensation Fund. The intention is to establish a medium-density, low-rise neighborhood among gardens, native trees, and areas for collective use on a lot adjacent to the Apartadó river that borders the urban center of this municipality in Urabá Antioqueño.

The Paseo Jardines forms the backbone of the neighborhood, as a winding road that crosses it from south to north and culminating in Parques Dó, on the riverbank. From the promenade, landscaped pedestrian walkways lead to 34 five-story blocks. These small parks act as preludes to the apartments, offering playgrounds, gyms, and places for contemplation.

The housing blocks are characterized by a system of aerial streets that combine horizontal circulations, open stairways, continuous balconies, entrance porches to the apartments and benches along with metal mesh for climbing plants. This grouping of elements enriches the common areas of the blocks by offering spaces suitable for social exchange and for enjoying the nearby landscape.

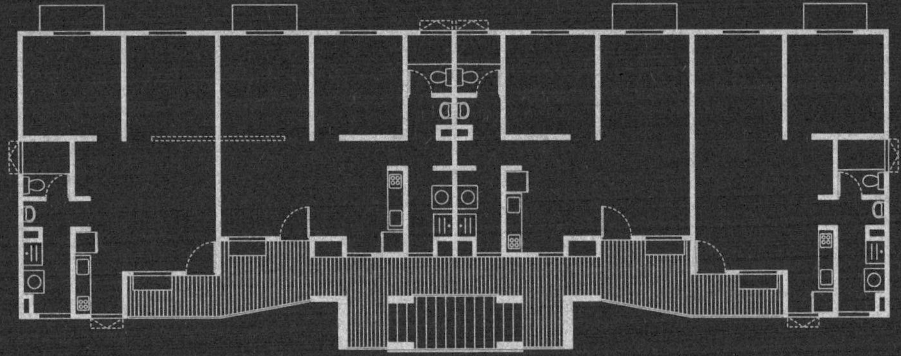

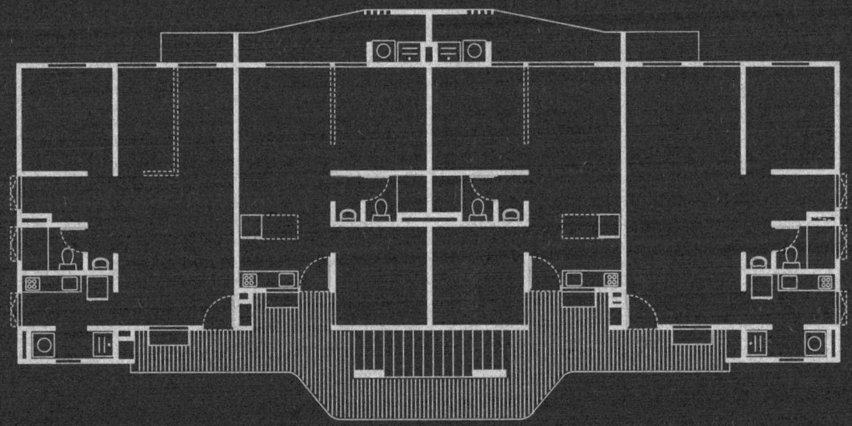

Podemos encontrar patios en viviendas unifamiliares o multifamiliares como también en edificios públicos o en el interior de cualquier volumen construido. Los patios se usan tanto en la antesala, como en el medio o en un área posterior de la vivienda o el edificio. Es posible hallarlos completamente definidos o solo insinuados mediante límites porosos o marcados a ras del suelo. Incluso, no es extraño ver inmuebles o conjuntos construidos que definen su espacialidad mediante una secuencia de patios articulados.

El patio es uno de los elementos más versátiles y necesarios con los que cuenta la arquitectura porque este «vacío» que puede albergar estanques o fuentes de agua, jardines y árboles frutales, mascotas o animales de corral, recoge el sol, la lluvia y el aire fresco del exterior para crear ambientes confortables y protegidos.

We can find patios in single-family and multi-family dwellings as well as public buildings or as part of any built volume. They may be located to the front, middle or rear of the house or building and may be precisely delineated or simply insinuated with porous limits or marked out at ground level. It is not uncommon to see buildings or complexes that define their spatiality through a sequence of connected patios.

The patio is one of the most versatile and necessary elements in the architect's toolbox because this "empty" space can incorporate pools, fountains, gardens or fruit trees, pets or livestock, while receiving sun, rain and fresh air from the outdoors to create comfortable and protected spaces.

PATIO

PATIO

PATIO DE LA CHIMENEA

AÑO / YEAR:
2003-2004
LUGAR / LOCATION:
MEDELLÍN, ANTIOQUIA
ENCARGO / CLIENT:
PRIVADO / PRIVATE

Un pequeño oasis, silencioso y recogido, ocurre oculto y protegido del ruido y de la muchedumbre que cruza día a día el centro de la ciudad. Este patio guarda el vestigio de la antigua fábrica de Coltejer —tradicional textilera de la ciudad—, su bella chimenea cilíndrica de ladrillo, y al mismo tiempo procura un ambiente agradable para sus residentes.

El edificio de viviendas abraza la chimenea, redensifica la manzana y queda incorporado en el interior de ella reservando tres tipos de umbrales: el jardín de acceso, el patio de la chimenea y el patio verde. Esta secuencia de espacios intermedios da sustento a los apartamentos y se amplía con las circulaciones verticales y sus miradores, y con los balcones de las viviendas que miran abajo el encuentro de los vecinos. La vida en este edificio empieza y termina en el patio.

Patio

Espacio cerrado con paredes o galerías, que en las casas y otros edificios se suele dejar al descubierto. La palabra patio viene del latín *pastus* 'pasto', 'alimento de los animales'. Y posteriormente se redefine gracias a la latinización *patium* 'lugar cercado para comer pasto'. Su origen se vincula con la raíz indoeuropea *pã-* ('nutrir' y 'proteger').

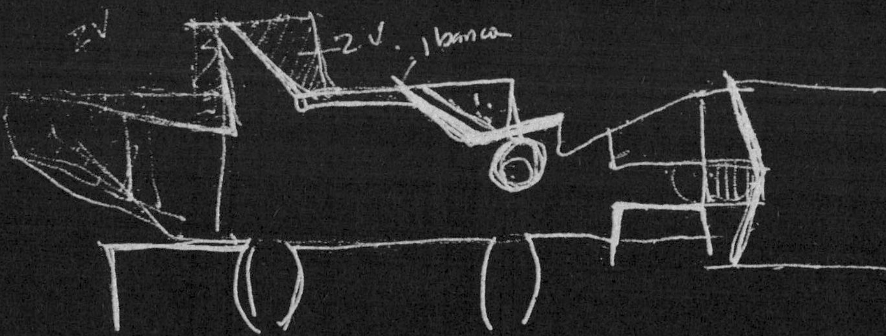

A little oasis, quiet and secluded, is hidden and protected from the noise and crowds that traverse the city center every day. This patio preserves the vestiges of the former Coltejer factory—a traditional textile factory—including its beautiful cylindrical brick chimney, while providing a pleasant atmosphere for its residents.

The residential building embraces the chimney, redensifies the block and is incorporated into its interior thanks to three types of thresholds: the entrance garden, the chimney patio, and the green patio. This sequence of intermediate spaces nourishes the apartments and is extended by the vertical circulations and their viewpoints, as well as by the balconies of the apartments which overlook encounters between residents. Life in this building begins and ends in the patio.

URAMITA

AÑO / YEAR:
2013-2015
LUGAR / LOCATION:
URAMITA, ANTIOQUIA
ENCARGO / CLIENT:
PÚBLICO / PUBLIC

Dentro del programa nacional denominado *Cien Mil Viviendas Gratuitas,* la Empresa de Vivienda de Antioquia (VIVA) construyó este conjunto de vivienda multifamiliar ubicado en Uramita, municipio montañoso que se despliega en la cordillera Occidental, entre los ríos Uramita y Sucio, bajo la serranía de Urama.

Cuatro bloques pequeños que forman tres volúmenes de cinco pisos cada uno, se ubican en un lote plano rectangular como si se tratara de un damero, los bloques llenan unos cuadrantes y reservan otros para crear patios y áreas ajardinadas que se alternan con las viviendas. Este hecho hace que el conjunto ofrezca espacio público en todos sus costados y dialogue así tanto con la calle principal del municipio y con la parte trasera del lote, donde continúan ascendiendo la montaña y el bosque, como con las viviendas vecinas que se asoman en los laterales.

La obra se concibe como un sistema de patios abiertos y porosos que conectan la vía principal del municipio con el futuro parque lineal que se construirá en la base de la montaña. Este acontecimiento permitirá que tanto las personas como la naturaleza atraviesen el conjunto y lo llenen de vitalidad.

Patio

Space enclosed with walls or columns, which in houses and other buildings is usually left open to the sky. The word 'patio' comes from the Latin *pastus*, 'grass', 'animal fodder', which became *patium*, 'enclosed space for eating grass'. It is linked to the Indoeuropean root word *pã-* (nourish and protect).

As part of the national program to build *One Hundred Thousand Free Homes*, the Empresa de Vivienda de Antioquia (VIVA) built this multi-family dwelling complex in Uramita, a mountainous district that is situated in the Cordillera Occidental, between the Uramita and Sucio rivers, below the Urama ridge.

Four small blocks, forming three volumes of five stories each, are located on a flat rectangular lot, laid out as if it were a checkerboard, the blocks filling some quadrants while reserving others to create patios and garden areas alternating with the houses. This means that the complex offers public space on all sides and thus creates a dialogue both with the main street of the municipality and with the back of the lot, where the mountain and the forest continue to rise, and with the neighboring houses on the sides.

The complex is conceived as a system of open, porous patios that connect the main road through the town with the future linear park to be created at the foot of the mountain. This development will enable both people and nature to traverse the project, filling it with vitality.

CAFÉ DEL BOSQUE

AÑO / YEAR:
2005-2007
LUGAR / LOCATION:
MEDELLÍN, ANTIOQUIA
ENCARGO / CLIENT:
PRIVADO / PRIVATE

El Jardín Botánico de Medellín, vestíbulo verde de los barrios de ladera del norte de la ciudad, y lugar donde se detiene el ciudadano a caminar en la mañana o al final del día antes de regresar a casa, cuenta con dos espacios singulares que lo identifican: su entrada principal conocida como el Café del Bosque —patio solar y acuático que hace de contrapunto a la masa vegetal— y el Orquideorama —cobertizo para actividades múltiples que se mezcla con los árboles al interior del jardín—.

El Café del Bosque es un recinto de planta ovalada que ritualiza el ingreso al Jardín: invita al visitante a hacer una pausa y despojarse del ritmo urbano, a recorrer un espacio vacío y mineral, a atravesarlo apenas guiado por la curvatura de los muros de concreto inclinados y su textura rayada.

El patio, hecho mediante una sola superficie o cáscara de concreto contiene un espejo de agua que refleja el cielo y los muros circundantes de modo que se pierde la noción de límite. El edificio mantiene la unidad formal y arquitectónica entre los muros y la cubierta —que protege y da sombra al café, al almacén y a la taquilla—, pero adquiere variedad espacial gracias al encaje de los muros perimetrales en la planta, y a que un casquete del patio es más alto que el otro. Este desfase permite crear las puertas de entrada y salida al Jardín.

JARDIN BOTANICO DE MEDELLIN
ENTRADA

Medellín's Botanic Garden, a green vestibule for the neighborhoods on the hillsides to the north of the city, and a place where citizens stroll in the morning or on the way home after work, is identified with two notable spaces: its main entrance, known as the Café del Bosque—a patio filled with both sun and water that forms a counterpoint to the green mass—and the Orquideorama—a covered space for different activities that merges into the trees within the garden.

The Café del Bosque is an oval-shaped enclosure that ritualizes the entry to the Garden: it invites visitors to pause and shake off the rhythm of the city, to explore an empty, mineral space, and to traverse it guided by the curvature of the sloping concrete walls with their striated texture.

The patio, formed from a single concrete surface or shell, contains a water pool that reflects the sky and the surrounding walls in such a way that it blurs the notion of boundaries. The building maintains the formal and architectural unity between the walls and the roof—which protects and shades the café, the store and the ticket office—but acquires spatial variety thanks to the way the perimeter walls fit into the ground plan, and to the fact that one of the wall caps is higher than the other. This offset is what creates the entrance and exit gates to the garden.

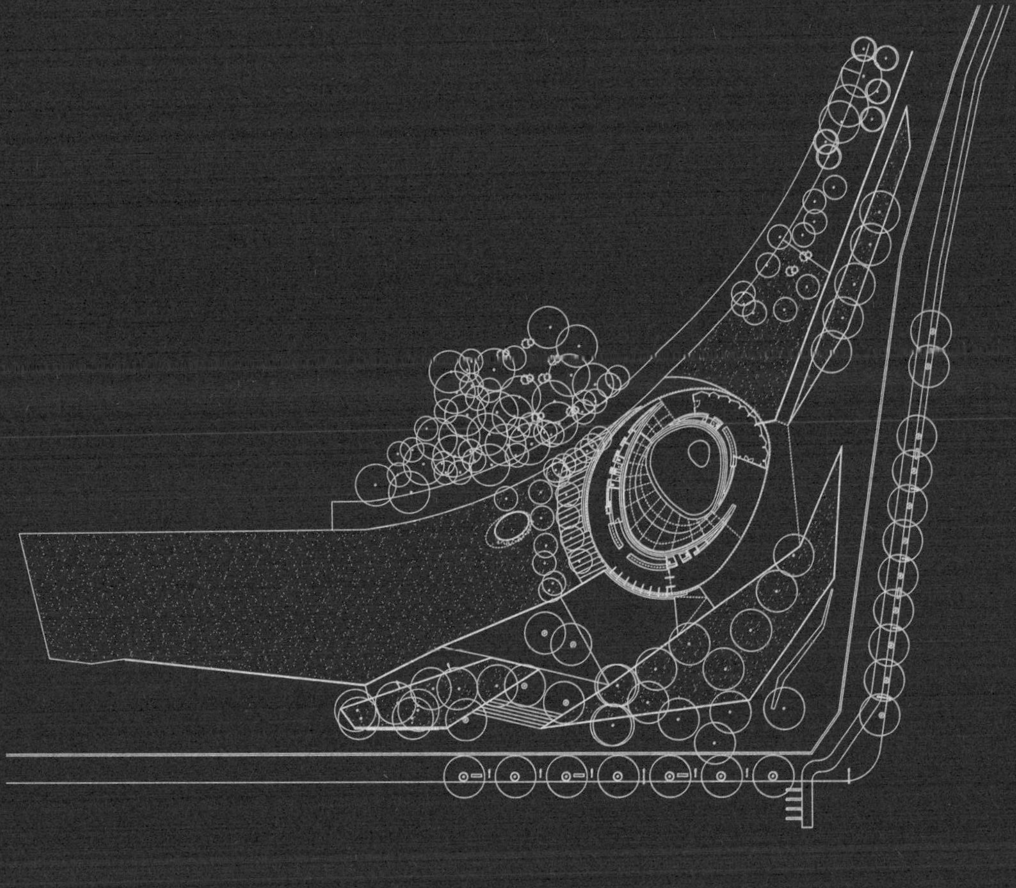

Encontramos todo tipo de balcones en nuestro contexto, pero podríamos mencionar los dos más comunes: el balcón individual y el corrido. Mientras el primero se destaca como plataforma o volumen saliente sobre la fachada, como púlpito sobre el vacío, el balcón continuo va de lado a lado de la fachada y puede estar contenido o en voladizo.

Ambas variantes, de acuerdo con su tamaño, se usan para poner plantas y mobiliario ligero, para sentarse a tomar café o mirar el paisaje, para tener un contacto más franco con el espacio público. Alojan mascotas y reciben aves que llegan a comer. Constituyen ambientes intermedios capaces de mejorar las condiciones espaciales del interior, ofrecer luz natural y sombra mientras animan la calle.

In our context, we find all kinds of balconies, but here we shall mention only the most common: the individual and the running balcony. While the former is a platform or volume that projects from the façade, like a pulpit over empty space, a running balcony runs the full length of the façade and may be contained within it, or cantilevered out.

Both variants, depending on their size, are used for plants and light furniture, for sitting to drink coffee or to enjoy the landscape, and to provide a more direct connection with public space. They house pets and receive birds with feeders. They form intermediate spaces that improve the spatial conditions of the interior, offering natural light and shade while bringing life to the street.

BALCÓN

BALCONY

PUNTA DE PIEDRA

AÑO / YEAR:
2002-2006
LUGAR / LOCATION:
MEDELLÍN, ANTIOQUIA
ENCARGO / CLIENT:
PRIVADO / PRIVATE

Construir un paisaje habitacional sensible al pie de cuesta de la ladera oriental del valle es factible: mientras en la meseta existente se disponen torres bajas que siguen en abanico las curvas de nivel, sobre el perímetro del conjunto se ubican edificios de borde que se conectan con el trazado urbano gracias a elementos arquitectónicos icónicos en contraste con la pendiente: torre-ascensor y puente mirador. Salir o entrar, bajar o subir a este lugar expande la experiencia típica de la vida en una ciudad de montaña.

Una de las características arquitectónicas más representativas de este conjunto habitacional es el uso de balcones corridos que acompañan a cada apartamento para cumplir varios propósitos: extender las posibilidades del espacio interior, disfrutar del clima y el paisaje tropical, y proteger del sol y la lluvia. Al mismo tiempo, los pasillos de acceso a las viviendas de borde funcionan como balcones extensos en relación directa con los taludes y jardines interiores.

Ventana abierta hasta el suelo de la habitación, generalmente con prolongación voladiza y baranda. La palabra balcón viene del italiano *balcone*, plataforma saliente en la fachada de un edificio y rodeada de barandilla. La palabra italiana *balcone* viene del germánico *balko* 'viga'. Una de sus derivaciones es *palco*, balcón dentro de la sala del teatro.

1

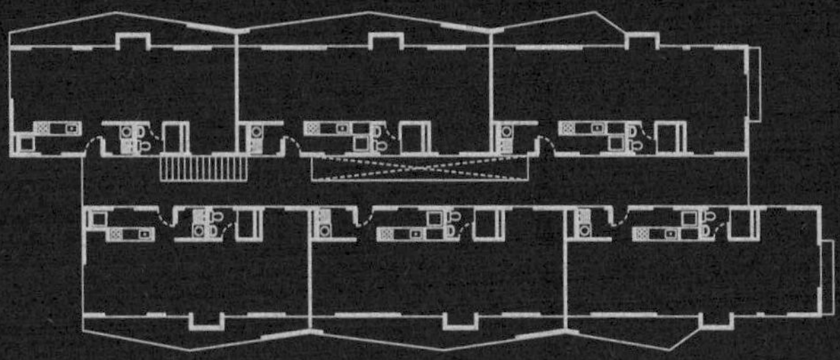

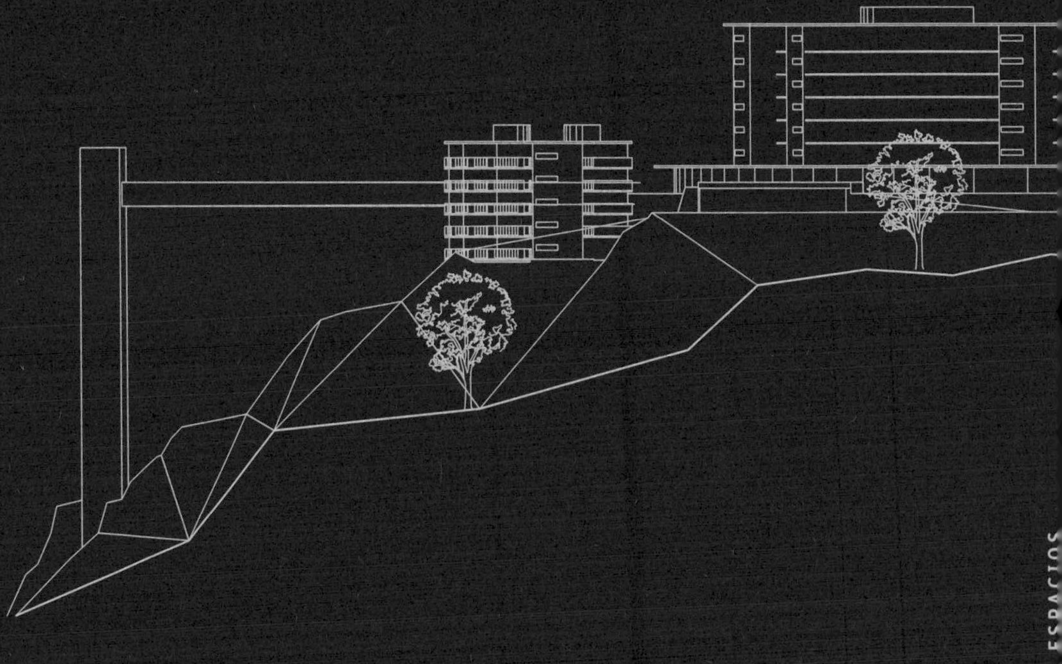

It is possible to build a sensitive residential landscape at the foot of the eastern valley slopes. While the existing plateau features low towers that fan out along the contour lines, on the perimeter of the complex are edge buildings that connect with the urban layout thanks to iconic architectural elements that contrast with the slope: elevator-tower and viewpoint-bridge. Entering or leaving, ascending or descending to this place expands the typical experience of life in a mountain city.

One of the most representative architectural characteristics of this housing complex is the use of running balconies, which accompany each apartment and fulfil a number of purposes: extending the possibilities of the interior space, enjoying the tropical climate and landscape, and protecting from sun and rain. At the same time, the access corridors to the perimeter housing serve as extended balconies with a direct relationship to the internal slopes and gardens.

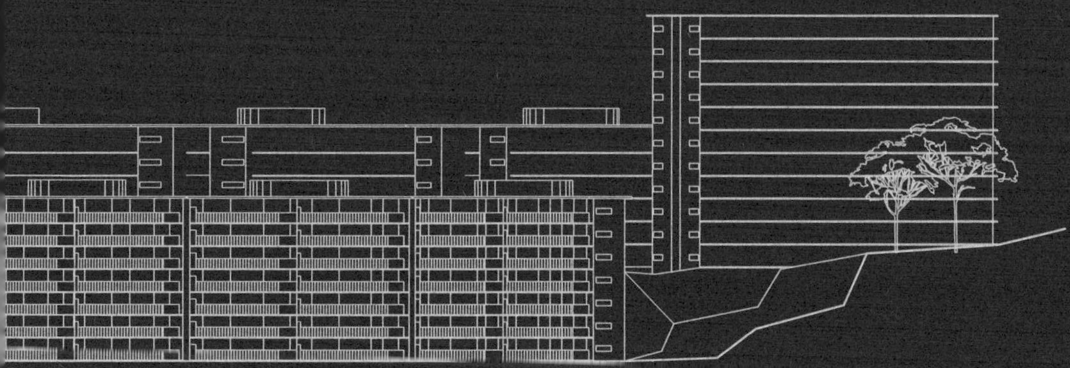

ATLÁNTIDA 1

AÑO / YEAR:
1992-1994
LUGAR / LOCATION:
MEDELLÍN, ANTIOQUIA
ENCARGO / CLIENT:
PRIVADO / PRIVATE

Una buena vida urbana puede ocurrir en las afueras de la ciudad, la vivienda colectiva de la periferia puede ser respetuosa con la topografía, articularse a los barrios vecinos y contar con espacios privados y públicos de calidad.

El trazado de manzanas en forma de barra y calles peatonales ajardinadas respeta los árboles existentes, ofrece intimidad, da continuidad a los senderos previos y deja las áreas de parqueo vehicular y los servicios comunes en espacios estratégicos para el intercambio social del vecindario.

Las manzanas alargadas, que albergan viviendas unifamiliares y bifamiliares, cuentan con fachadas compuestas mediante muros traslapados que ocultan o revelan, dependiendo desde donde se mire, el acceso a cada casa y el balcón del segundo piso. Esta grieta entre muros, este quicio que nace del traslapo, es la amplificación de la experiencia que significa salir y entrar, que permite —gracias al balcón superior— esperar al que llega, poner la vista en la montaña lejana.

Balcony

A window open to the floor of a room, generally with a cantilevered extension and railing.
The word 'balcony' comes from the Italian *balcone*, a projecting platform on the façade of a building surrounded by a railing, from *balco* 'scaffold', which comes from the Germanic **balko*, 'beam'. First used to refer to a 'gallery inside a theater'.

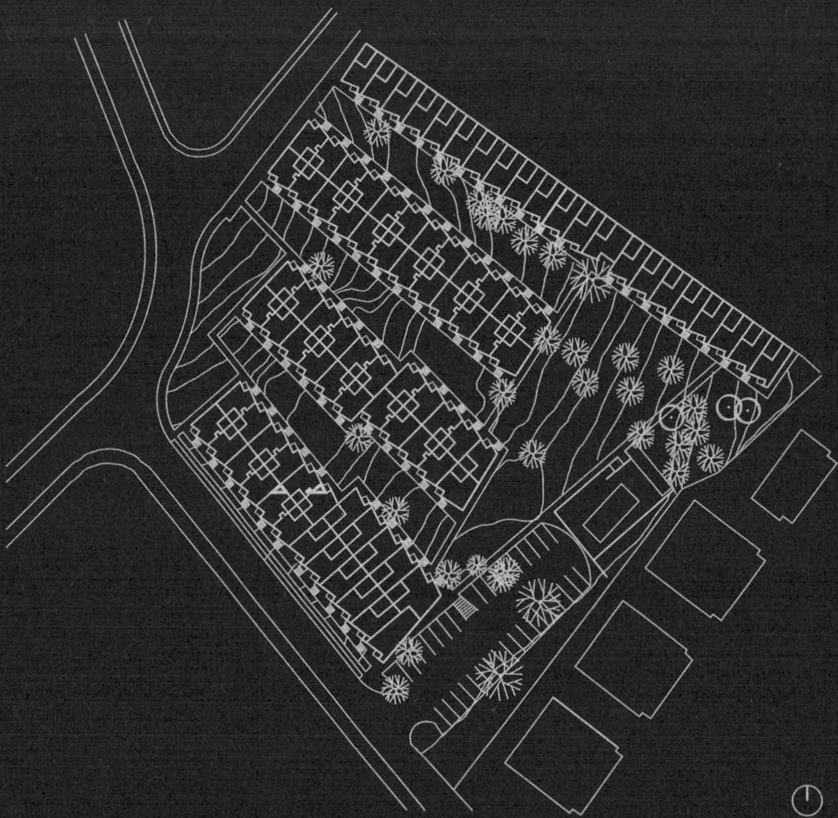

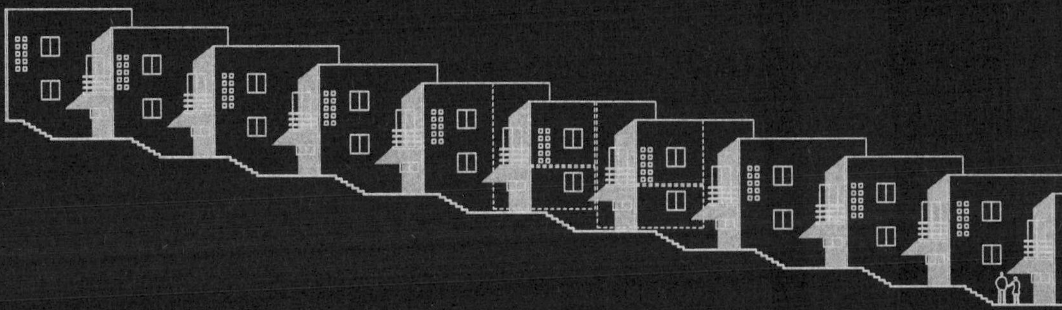

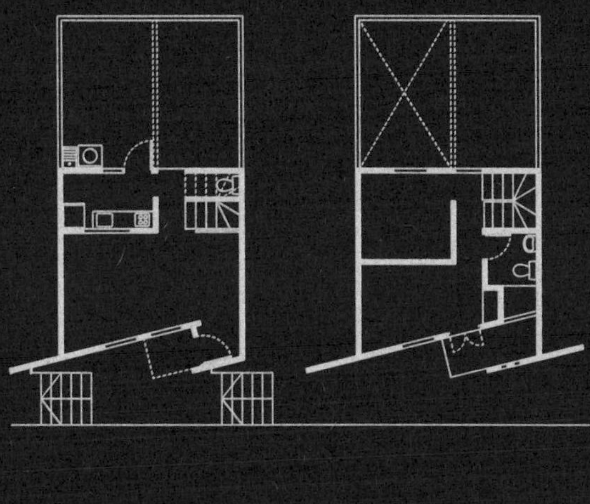

Good urban living can happen on the outskirts of the city: collective housing on the periphery can respect the local topography, connect with adjacent neighborhoods, and offer quality private and public space.

The arrangement of bar-shaped blocks and landscaped pedestrian streets respects the established trees, provides privacy, joins up with the existing paths, and leaves the parking areas and shared services in strategic spaces that enable social exchange in the neighborhood.

The elongated blocks, which contain both single and dual-family dwellings, have composite façades with overlapping walls that hide or reveal, depending on the viewpoint, the entrance to each home and the second-floor balcony. This aperture between walls, the entrance way that is created by the overlap, is an amplification of the experience of entering and leaving that—thanks to the upper balcony—makes it possible to await someone arriving while gazing at the distant mountains.

LA PLAYA

AÑO / YEAR:
2001-2004
LUGAR / LOCATION:
MEDELLÍN, ANTIOQUIA
ENCARGO / CLIENT:
PRIVADO / PRIVATE

El centro de la ciudad puede albergar vivienda nueva integrada al vecindario y a la red de equipamientos y servicios urbanos sin dejar de crear espacios públicos inéditos y generosos.

Tres manzanas alargadas reemplazan el volumen de una antigua fábrica de tejidos, definen el parque lineal sobre la quebrada y contienen dos calles peatonales ajardinadas cuyos senderos llevan a escaleras y miradores en forma de ojiva que amplían la experiencia de la circulación.

Todos los espacios que nos son privados —áreas comunes y espacios públicos— se proporcionan completamente finalizados, en cambio los interiores de los apartamentos se entregan en obra gris para poder ofrecer mayores áreas a las acostumbradas. Es preferible que las personas terminen sus apartamentos en el tiempo, si a cambio consiguen más espacio útil adentro y espacios comunes listos para disfrutar.

El apartamento básico, de geometría elemental, contiene una batería de servicios fija como respaldo —baño, zona de ropas y cocina—, y un salón que puede dividirse libremente según las habitaciones necesarias ya que ofrece cuatro vanos idénticos a lo largo de la fachada. El balcón de cada vivienda, en forma de palco, extiende el interior hacia afuera y anima los espacios colectivos al permitir encuentros casuales que activan la vida barrial.

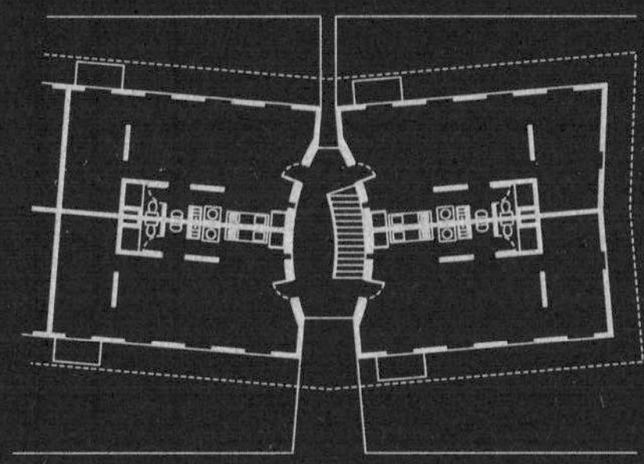

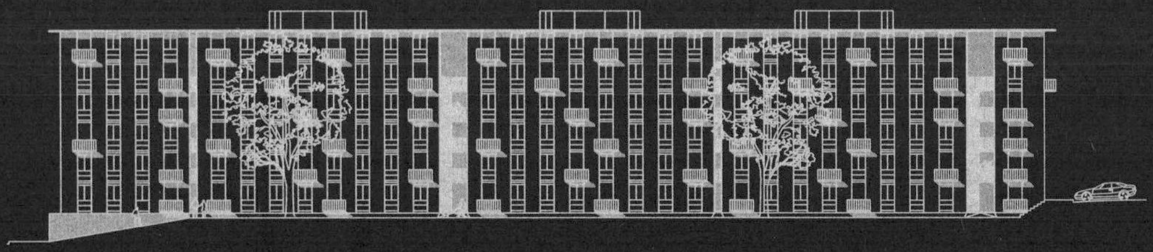

The city center can host new housing integrated into the neighborhood and the network of urban amenities and services while also creating new and generous public spaces.

Three long blocks replace the volume of a former textile factory and define the linear park along the ravine while containing two landscaped pedestrian streets which lead to staircases and ogival lookouts that expand the experience of the circulation route.

All the spaces that are not private—common areas and public spaces—are fully finished, while the interiors of the apartments are delivered without finishes in order to offer larger floor areas than usual. It is preferable that occupants complete their apartment interiors in their own time, if in return they get more usable space inside, and common areas ready to enjoy.

The basic apartment, with an elementary geometry, contains a set of fixed services as standard—bathroom, laundry area and kitchen—and a living space that can be divided up at will according to the number of rooms required, since it offers four identical openings along the façade. The projecting balcony of each dwelling extends the interior outward and enlivens the collective spaces by allowing casual encounters that activate neighborhood life.

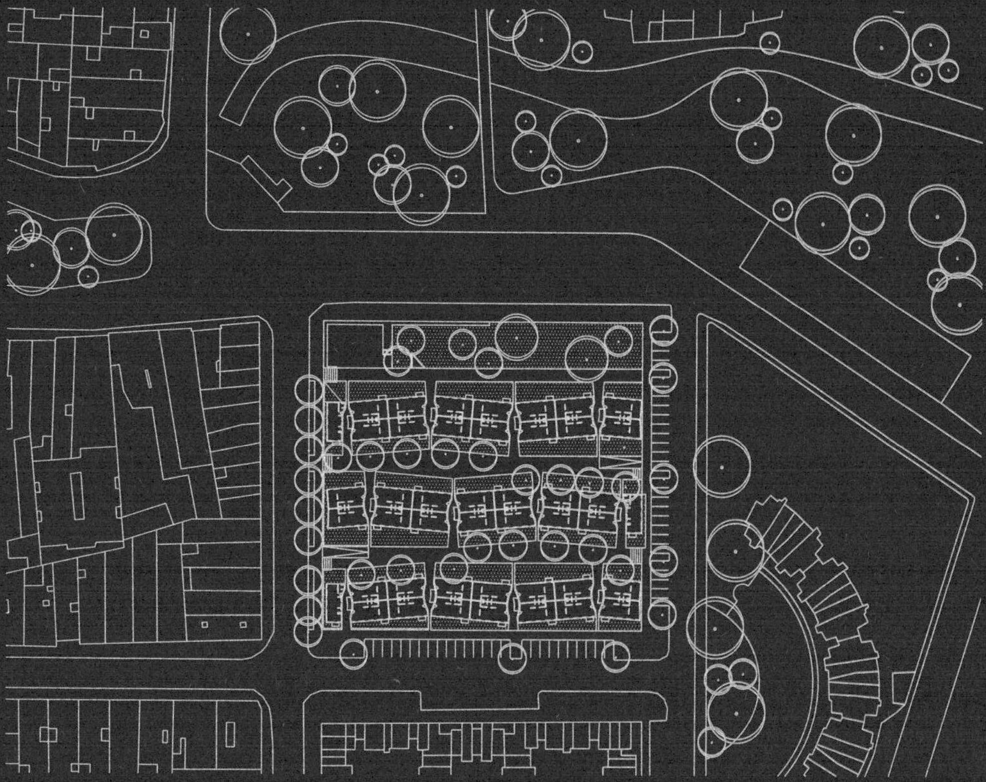

En las arquitecturas del trópico las cubiertas se caracterizan por tener aleros, por salir o volar más allá de la fachada y en consecuencia proteger del agua lluvia y de los rayos solares. Estos sencillos elementos que brindan sombra, tamizan la luz y bajan la temperatura, son esenciales para crear espacios agradables entre el afuera y el adentro de las viviendas y los edificios. Porque proporcionan tanto refugio como buenas condiciones de habitabilidad a espacios de muy diversos tipos: corredores, quicios, andenes, terrazas, antesalas, balcones y aporticados.

Por esto es que la cubierta de una vivienda o edificio se entiende en sección, porque de ese modo se comprenden las relaciones espaciales y materiales que ella establece con los espacios que aloja, pero también con los que la circundan.

In the architecture of the tropics, roofs are characterized by their eaves, which overhang or project beyond the façade, protecting the building from heavy rain and strong sun. These simple elements that provide shade, filter the light and lower the temperature are essential to create pleasant spaces between the outside and the inside of homes and buildings. They both provide shelter and improve living conditions for spaces of many different types: corridors, hallways, sidewalks, terraces, anterooms, balconies and porticoes.

This is why the roof of a house or building is best expressed in section, because this allows us to understand the spatial and material relationships that it establishes with the spaces it covers, but also with those that surround it.

CUBIERTA
ROOF

PARQUE EDUCATIVO HISPANIA

AÑO / YEAR:
2013-2014
LUGAR / LOCATION:
HISPANIA, ANTIOQUIA
ENCARGO / CLIENT:
PÚBLICO-PRIVADO

Uno de los objetivos de la Gobernación de Antioquia del período 2012-2015 fue luchar contra la desigualdad a través de la educación, y para ello diseñó e implementó el programa de Parques Educativos: centro cívicos y culturales dotados de espacio público, aulas y un conjunto de servicios complementarios que los hacen muy versátiles.

Hispania es un municipio del suroeste de Antioquia con 5.500 habitantes. Su Parque Educativo está localizado a una cuadra de la plaza principal. La intervención arquitectónica es acotada: un edificio esquinero compacto —que ofrece un patio público—, fácil de mantener y operar, y con una sala para aulas que puede cambiar de uso.

Esta nave flexible arma tanto la esquina como los accesos desde las calles Lisboa y Bruselas que dan paso al patio mediante dos zaguanes. La nave es el elemento representativo del edificio: al interior, un sistema de pórticos de madera laminada crea un espacio cálido. Al exterior, la cubierta a dos aguas se destaca en la silueta del municipio y, en ciertos ángulos, sirve de base y fondo a los samanes de la plaza principal.

Cubierta

Cosa que se pone encima de otra para taparla o resguardarla. Parte exterior de la techumbre de un edificio.

Techo

Parte superior de un edificio, construcción, habitáculo, etc., que lo cubre y cierra.
La palabra techo viene del latín *tectum* 'cubierto', participio del verbo *tegere* 'cubrir', 'ocultar', 'proteger'. Su origen se vincula con la raíz indoeuropea *steg-* 'cubrir'.

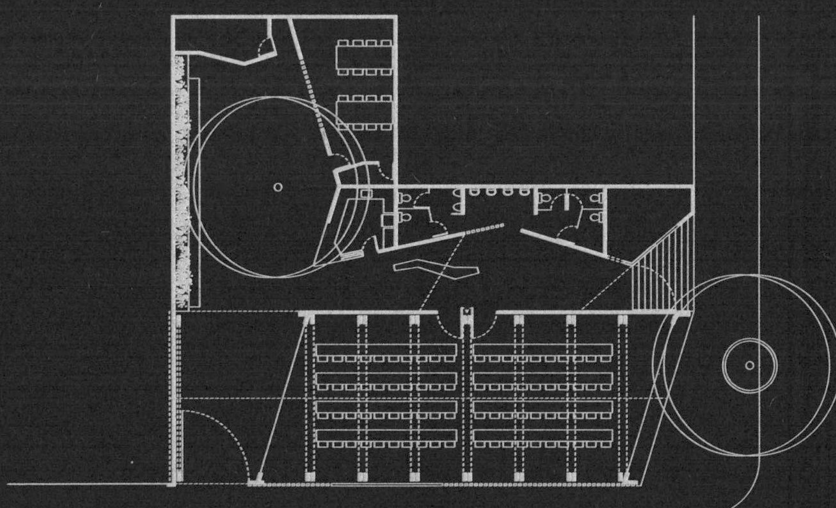

One of the objectives of the Government of Antioquia in 2012-2015 was to fight inequality through education, and to this end it designed and implemented the Educational Parks program: civic and cultural centers provided with public space, classrooms, and a set of complementary services that make them very versatile.

Hispania is a municipality in southwestern Antioquia with 5,500 inhabitants. Its Educational Park is located one block from the main square. The architectural intervention is limited: a compact corner building with a public patio that is easy to maintain and operate, with a multipurpose space that can be used as classrooms.

This flexible building forms the corner as well as the accesses from Lisbon and Brussels streets, which lead to the patio through two entrances. The large space is the building's representative element: on the inside, a system of laminated wood porticoes creates a warm space. On the exterior, the gabled roof stands out against the skyline of the municipality and, at certain angles, serves as a base and backdrop for the saman trees in the main square.

ALTO DEL MERCADO

AÑO / YEAR:
2012-2013
LUGAR / LOCATION:
MARINILLA, ANTIOQUIA
ENCARGO / CLIENT:
PRIVADO / PRIVATE

En la cima de una colina en las afueras de Marinilla y rodeada de cultivos y hortalizas se ubica la escuela rural Alto del Mercado, que hizo parte del programa departamental Antioquia la más Educada.

La escuela se compone de ocho naves paralelas articuladas y cubiertas con techos a dos aguas, de diferentes alturas y longitudes, que definen un paramento externo y un patio de juegos al interior. Mientras las aulas quedan contenidas, las actividades colectivas se ubican en los extremos del pabellón para que puedan extenderse al paisaje: comedor, aula múltiple y acceso.

Las cubiertas crean una atmósfera interior recogida y cálida para las aulas y además establecen una conversación con las pequeñas colinas y las cubiertas plásticas de los invernaderos de la región.

Roof
The outer upper covering of a house or other building. Middle English *rof*, from Old English *hrof 'roof'*, also 'ceiling', hence figuratively 'highest point, top, summit' also 'heaven, the sky'; from Proto-Germanic **khrofam*

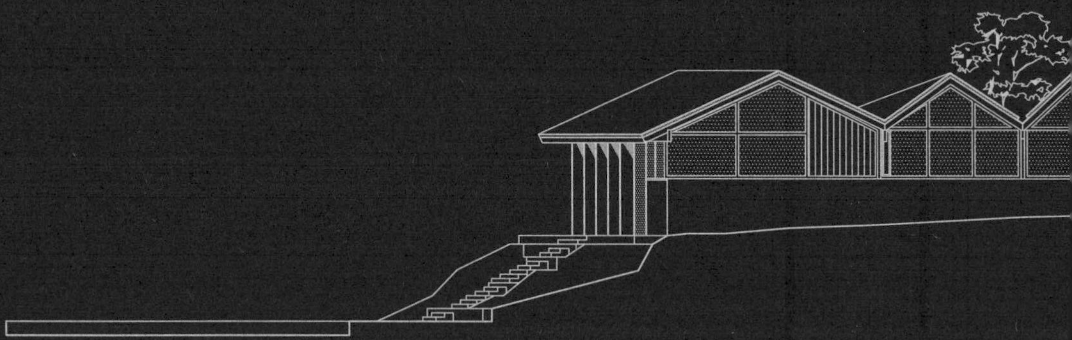

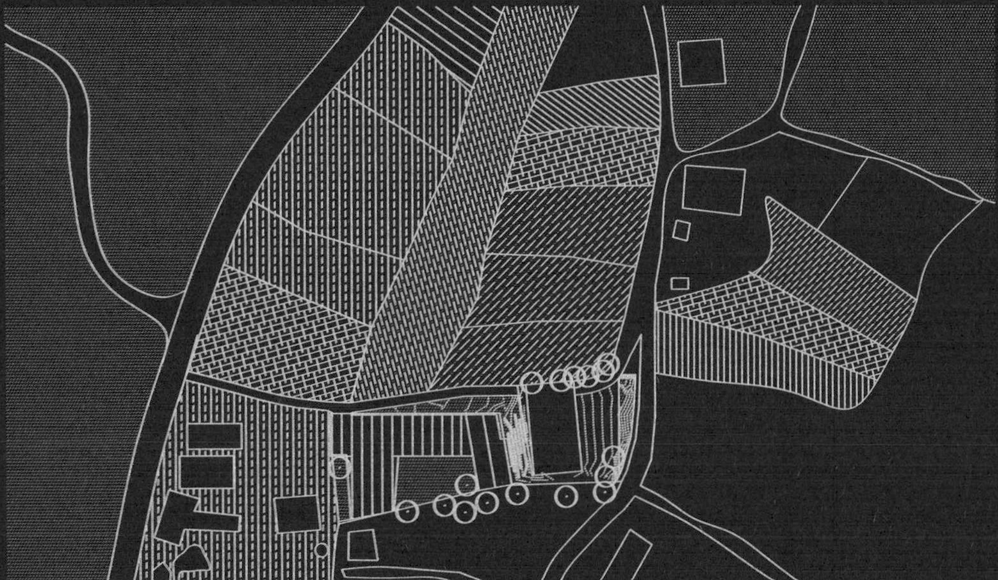

The Alto del Mercado rural school, which formed part of the "Antioquia the Most Educated" departmental program, is located at the top of a hill on the outskirts of Marinilla, and surrounded by crops and gardens.

The school consists of eight parallel, articulated volumes covered with gable roofs of different heights and lengths that define an external wall and an interior playground. While the classrooms are contained, the collective activities are located at the ends of the pavilion so that they can extend into the landscape: dining room, multi-purpose classroom, and the entrance.

The roofs create a warm and cozy interior atmosphere for the classroom, while also entering into conversation with the small hills and the plastic roofs of the greenhouses in the region.

LA CASA DE LA CEIBA

AÑO / YEAR:
2009
LUGAR / LOCATION:
LA CEJA, ANTIOQUIA
ENCARGO / CLIENT:
PRIVADO / PRIVATE

El lote cuenta con una ceiba rosada sembrada por la dueña hace muchos años con el pretexto de que allí haría algún día su casa. Así que las decisiones arquitectónicas recaen sobre la relación espacial y paisajística entre la vivienda y el árbol.

La casa se posa sobre la explanada de la colina y determina dos espacios, la zona social con una cubierta invertida a dos aguas que le hace la venia a la ceiba y prioriza la relación con su follaje y el paisaje lejano, y el área privada, un lugar posterior y reservado con una cubierta a una sola agua.

La Ceiba es la primera imagen de la casa, desde que se llega por la vía su presencia es clara, la cubierta de la casa la recoge y al abrir la puerta principal continúa presente.

The lot includes a pink ceiba tree planted by the owner many years ago on the pretext that she would one day build her house there. This means that the architectural decisions are based on the spatial and landscape relationship between the house and the tree.

The house is perched on a terrace on the hill and defines two spaces, a social area with an inverted gable roof that celebrates the ceiba tree and prioritizes the relationship with its foliage and the distant landscape, and a private area to the rear, a reserved space with a single-pitch roof.

The ceiba tree is the foremost image of the house, with its presence being felt from the road, the roof of the house enfolding it, and once the front door is open it remains present.

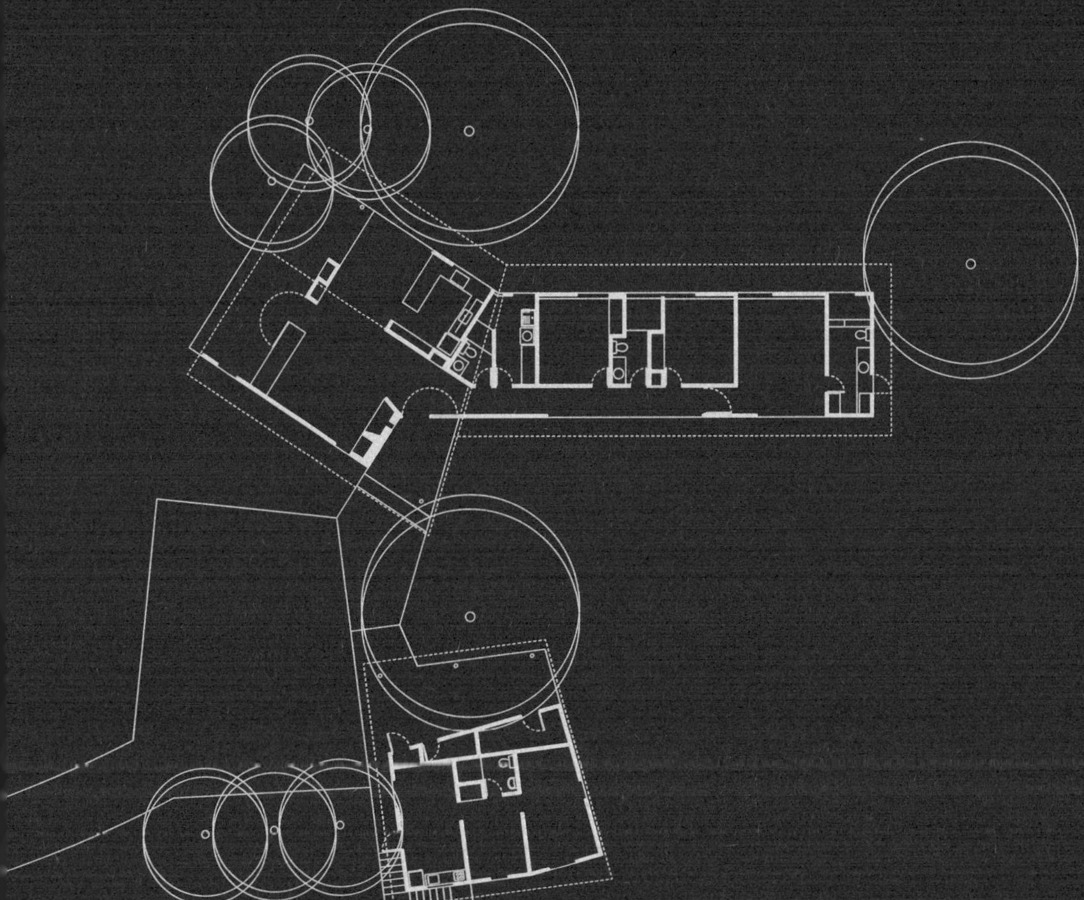

SÍNTESIS

En el año 2021, la feria de arte La Rambla inauguró su segunda exposición con la invitación a ocho oficinas de arquitectura a reflexionar y construir una pequeña instalación sobre el trópico —sus expresiones materiales, oficios y cultura—. La obra presentada allí logra sintetizar las ideas y los pensamientos que rondan este libro y representa el camino recorrido durante más de treinta años.

La pieza flota en el espacio, en constante movimiento, expone la variabilidad del tiempo, se afecta por la luz y el viento, la imagen que ofrece nunca es la misma porque su lógica es cinética y su equilibrio radica en la oscilación y en los elementos que la permean.

Este móvil está compuesto por elementos que representan los *entre espacios*, piezas que, como hemos visto a lo largo de esta publicación, vinculan lo privado con lo público, permiten transiciones claras entre el adentro y el afuera de manera que la luz, el viento, el agua y el paisaje son determinantes en las decisiones proyectuales.

El objeto se desarrolla en tres líneas horizontales equidistantes de diferentes longitudes conectadas por tres ejes verticales que definen el sistema del espacio tropical. Cada uno de los niveles expone estancias distintas que, según su ubicación espacial, ofrecen múltiples lecturas.

La luz cae sobre las cubiertas de pendientes a dos aguas proyectando sombras dinámicas; los puentes, los corredores y las escaleras salvan las diferencias de nivel para acceder a espacios de permanencia mientras los balcones, las bancas y las ventanas propician la contemplación.

AÑO / YEAR:
2021
LUGAR / LOCATION:
MEDELLÍN, ANTIOQUIA
ENCARGO / CLIENT:
PRIVADO / PRIVATE

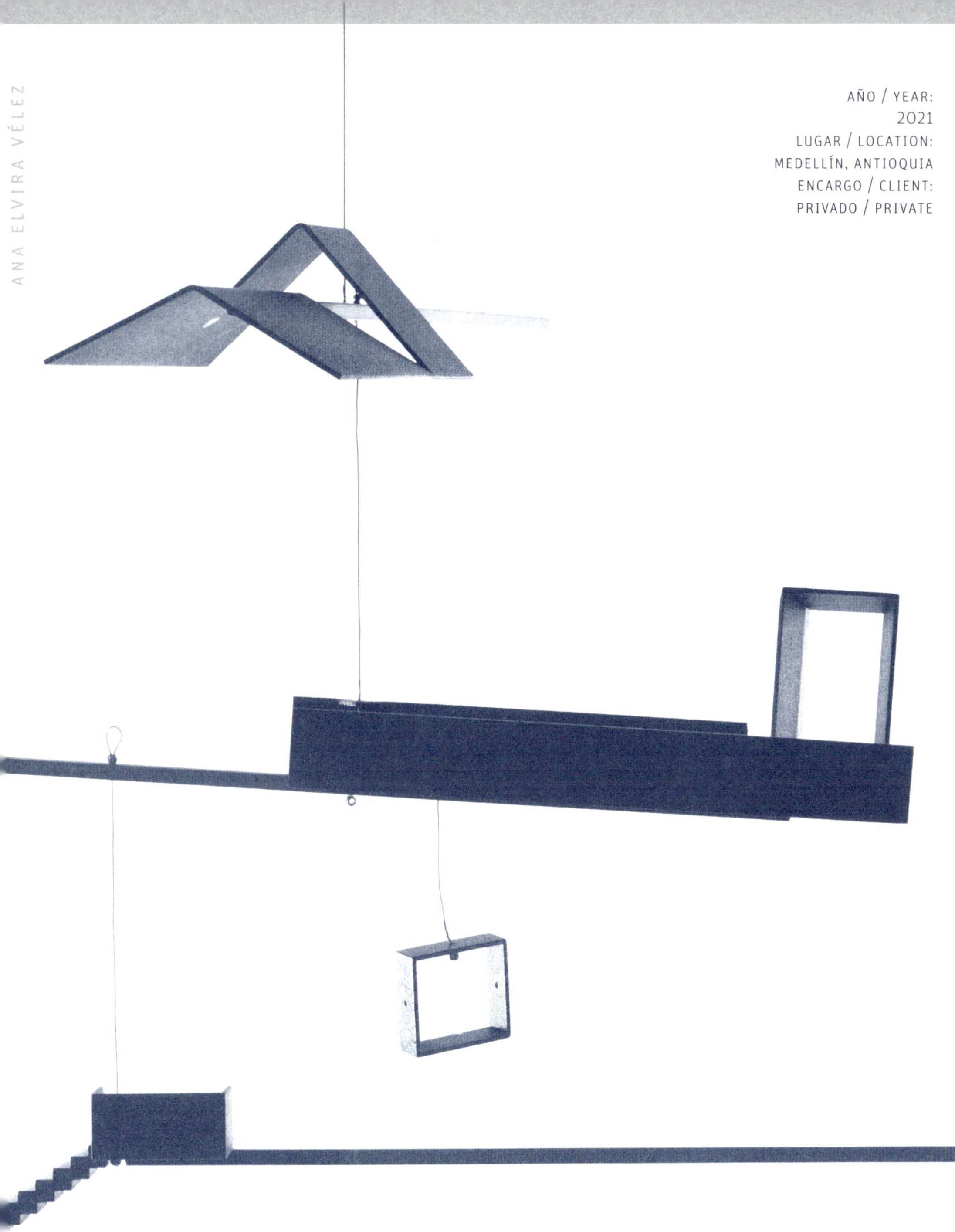

SYNTHESIS

In 2021, the La Rambla art fair opened its second exhibition with an invitation to eight architecture studios to reflect on and construct a small installation about the tropics: about their material expressions, crafts and culture. The work presented there synthesizes the ideas and thoughts that are at the heart of this book and represents the path travelled for more than thirty years.

The piece floats in space, in constant movement, expresses the variability of time, and is affected by light and wind. The image it presents is never the same because its logic is kinetic and its balance lies in the oscillation and the elements that permeate it.

This mobile is composed of elements that represent the *between spaces*, spaces that, as we have seen throughout this publication, link the private with the public, allowing clear transitions between inside and outside in such a way that light, wind, water and landscape are decisive in the design decisions.

The object is developed in three equidistant horizontal lines of different lengths connected by three vertical axes that define the spatial system of the tropics. Each of the levels presents different rooms which, depending on their spatial location, offer multiple readings.

Light falls on the pitched roofs, casting dynamic shadows; bridges, corridors and staircases overcome the differences in level to provide access to spaces for relaxation, while balconies, benches and windows encourage contemplation.

EL IMAGINARIO COLECTIVO, UNA CIUDAD POSIBLE

FRANCISCO
SANÍN

Más que una monografía, este libro debe ser visto como un manual didáctico, como un manifiesto de un proyecto político y cultural que propone explorar la capacidad de la arquitectura para construir un sujeto colectivo en la ciudad. Una búsqueda continua —en medio de difíciles condiciones económicas, sociales e institucionales— de una arquitectura capaz de contribuir a la construcción de un proyecto de ciudad, democrático e inclusivo. En el que la calidad de la arquitectura y el espacio público se entienden como un derecho fundamental, especialmente para aquellos que han sido marginados históricamente. Hacer esto en el contexto de un país como el nuestro, con uno de los índices de desigualdad más altos en el mundo, es una posición radical, una decisión ética basada en la convicción de que la arquitectura, más que un espacio de expresión personal o una práctica profesional aislada, es un instrumento al servicio de la colectividad.

Es interesante pensar que Ana Elvira realizó sus estudios de arquitectura en la AA (Architectural Association) de Londres, justamente en las décadas de los ochenta y noventa cuando esta era una de las escuelas más vanguardistas e influyentes del mundo. Allí se encontraban reunidos personajes como el director, Alvin Boyarsky, Rem Koolhaas, Zaha Hadid, Peter Wilson, Cedric Price, Peter Cook, Bernard Tschumi y tantas otras figuras. Después de graduarse y de un corto periodo de trabajo en Europa, decidió regresar a Colombia. Más que seguir el ejemplo de las grandes estrellas que habían sido sus mentores, decidió ponerse a diseñar viviendas, particularmente aquellas para los sectores más marginales de la sociedad, un campo en el que comúnmente se cree que no hay espacio para la arquitectura, debido a las restricciones económicas y sociales. Esta decisión necesitó coraje y una visión a largo plazo a la que ha dedicado la mayor parte de su carrera. En esto, sin duda, jugó un papel importante su padre —que se dedicaba a la construcción de vivienda— y quien desde un inicio confió en la capacidad de su hija para desarrollar proyectos. Desde los primeros trabajos se hizo evidente el interés de Ana Elvira por entender la vivienda como un asunto colectivo y como un factor fundamental en la construcción de la ciudad. Para la muestra están obras como Atlántida, Cañaveral y Villa Amapola.

En un contexto como el suramericano, donde la mayor parte de la vivienda no es construida por arquitectos, Ana Elvira se interesó en las ciudades como fuente de estudio, hacia allí dirigió su mirada para entender cómo se habían construido las ciudades, no desde la perspectiva de los grandes maestros, sino mediante procesos sociales que se transforman en el tiempo y en los que la arquitectura aparece como marco general que permite adaptación, cambio y desarrollo, y no como algo fijo y cerrado. Pienso, por ejemplo, en su interés por la casa georgiana de Londres, una tipología que no solo ha definido el carácter de la ciudad, sino que ha sido capaz de adaptarse a los cambios sociales y funcionales a través de los siglos. En Medellín, Ana Elvira observó cómo los procesos sociales, técnicos y económicos que están en la base de la autoconstrucción en los barrios populares, generan una tipología que inicia con una construcción de un solo piso, una «plancha» de concreto encima para extensiones futuras y una escalera exterior que permite flexibilidad funcional: cuando se construye el segundo piso el primero se vuelve tienda, salón, etcétera. La escalera se transforma en espacio de encuentro social, de negociación entre lo privado y lo público. Es así como los procesos económicos y los procesos materiales y urbanos quedan contenidos en la propia tipología de la casa. Esta forma eventualmente se extiende en el tiempo a través de la ciudad y de los grupos sociales que las replican gracias a su éxito. Tal vez desde allí se empieza a delinear el interés de Ana Elvira por los espacios de transición que ella define como *Entre espacios*.

De manera que sus proyectos parten de la convicción de que es posible concebir arquitecturas que establezcan una idea de espacio colectivo. Proyectos como el de la Casa T, Uramita, La Pradera y tantos otros donde elementos como un corredor exterior, una banca en mampostería en un pasillo, un balcón, un porche, un patio o un jardín, contienen en su forma una posibilidad, un potencial de ser un punto de encuentro, un espacio social. La acumulación de estos momentos construye la posibilidad de un imaginario colectivo alternativo. En su trabajo se puede entender el diseño como investigación y como una forma de conocimiento disciplinar capaz de informar una visión de la arquitectura como hecho político y social.

Su investigación sobre la vivienda rural reconoce el campo como un lugar diverso en relación con el territorio y la producción. Nos muestra proyectos que hacen referencia a tipologías locales y su capacidad de comprender el clima y ampliar las opciones de materiales, de incorporar los rituales de trabajo a la vida doméstica. Por ejemplo, en la Aldea Navarro se crea un sistema de agrupación de casas alrededor de huertas comunales, estas a su vez se agrupan alrededor de espacios públicos con equipamientos deportivos y culturales que respetan e incorporan las condiciones del territorio, el río, las áreas anegables. Allí lo colectivo reconoce las diferentes escalas, aprovecha las condiciones climáticas y geográficas que le dan al proyecto un valor especial porque entiende lo rural como valor cultural y espacial.

Pero el trabajo de Ana Elvira no se limita a la vivienda colectiva, sus ideas aparecen y se desarrollan en distintas escalas y programas. El primer proyecto de espacio público que construyó, el parque de los Pies Descalzos, tiene un valor importante, se trata de una obra pionera. Desarrollado en un momento en el que Medellín había perdido por completo la posibilidad de usar el espacio público debido a la violencia del narcotráfico, este parque constituye un reclamo de lo público mediante un espacio accesible a toda la ciudadanía, a pesar de la complejidad desde el punto de vista institucional. Pies Descalzos es quizá el primer proyecto de ese periodo, finales de 1999, en que la ciudad ve cómo la arquitectura puede tener un papel en la transformación social y al mismo tiempo construir un imaginario colectivo de ciudad.

Años después pasará algo similar con el proyecto para el borde del Jardín Botánico de Medellín, gracias a la decisión de reducir el perímetro del Jardín para ofrecerle un espacio público a la ciudad a lo largo de su envolvente: un lugar de encuentro entre el Jardín y la ciudad. Gesto fundamental que hoy tiene un gran impacto positivo en ella.

Este libro no se trata solamente de un talento especial para el diseño (de lo cual hay amplia evidencia) sino más bien de una inteligencia social, de una capacidad para entender el funcionamiento de las fuerzas políticas y sociales, puesta al servicio de lo colectivo. Una mirada —la de Ana Elvira—, que busca insertarse en condiciones institucionales, sociales y laborales en las que el impacto de su trabajo pueda ser mayor. Si bien el foco de sus ocupaciones se hace más evidente en las obras construidas, en lo específicamente disciplinario no se puede apreciar bien su labor sin hacer referencia a las alianzas estratégicas y a la cooperación que ha ido estableciendo para que los proyectos se realicen. La complejidad de las condiciones del trabajo de Ana Elvira encuentra su balance en la desarmante simplicidad de las ideas que promueve, porque *Entre espacios* no es un eslogan, es una estrategia que busca rescatar lo que en otros contextos se da por descontado: el zaguán, las escaleras, los pasajes, los balcones, los patios y las plazas. Volver a tener estos elementos como espacios de asociación, comunicación y negociación.

No se puede concluir sin hacer referencia al pequeño móvil que Ana Elvira diseñó para la exhibición *¿Qué es el trópico?* Allí nos muestra cómo los elementos de la arquitectura que otros ven secundarios y utilitarios pueden ser reclamados como las claves de interpretación de una trayectoria dedicada a construir el imaginario colectivo de una ciudad posible y la demostración de que desde la arquitectura esto no solo es viable sino también necesario y urgente.

THE COLLECTIVE IMAGINARY, A POSSIBLE CITY

More than a monograph, this book should be seen as a didactic manual, or as a manifesto of a political and cultural project that aims to explore architecture's ability to build a collective subject in the city. A continual search—amid difficult economic, social and institutional conditions—for an architecture that is capable of contributing to the construction of a democratic and inclusive city project. One in which the quality of the architecture and public space are understood as a fundamental right, especially for those who have historically been marginalized. Doing this in the context of a country like Colombia, with one of the highest levels of inequality worldwide, is a radical position, an ethical decision based on the conviction that architecture, more than a personal expression or a professional practice in isolation, is a tool at the service of the community.

It is interesting to note that Ana Elvira undertook her architecture studies at the AA (Architectural Association) in London in the 1980s and 1990s, right when this was one of the most cutting-edge and influential schools in the world. At this time it was a home to figures including its director Alvin Boyarsky, Rem Koolhaas, Zaha Hadid, Peter Wilson, Cedric Price, Peter Cook, Bernard Tschumi, and several others. Once she graduated, after a short period of work in Europe, she decided to return to Colombia. Instead of following the example of the leading stars who had been her mentors, she chose to focus on designing housing, especially for the most marginalized sectors of society, a field in which it is often believed there is no space for architecture, due to the economic and social restrictions. This decision demanded courage and a long-term vision—one to which she has dedicated much of her career. There is no doubt that in this decision the influence of her father—a constructor of residential buildings—could be felt, and who from early on trusted in his daughter's ability to develop projects. Her earliest developments made clear Ana Elvira's interest in understanding housing as a collective matter and a fundamental factor in the construction of the city. Evidence of this include works such as Atlántida, Cañaveral and Villa Amapola.

In the South American context, where most housing is not built by architects, Ana Elvira took an interest in cities as a source of study, directing her gaze there in order to understand how they had been built: not from the perspective of the master architects, but through social processes that transform over time and in which architecture functions as a general framework that permits adaptation, change and development, rather than as something fixed and finished. I think, for example, of her interest in the Georgian house in London, a typology that has not only defined the character of the city, but has successfully adapted to social and functional changes over the centuries. In Medellín, Ana Elvira observed how social, technical and economic processes that are the foundation of self-built housing in poorer neighborhoods generate a typology that begins as a single-story construction with a concrete slab on top for future extensions, and an external staircase that allows for functional flexibility: when the second floor is built the first may become a store, salon, etc. The staircase itself becomes a space of social encounter, a negotiation between the public and private. In this way, economic process and material and urban processes are contained in the typology of the home. Thanks to its success, with time this form eventually expands across the city and the social groups that replicate it. Perhaps this is how Ana Elvira's interest in transitional spaces that she defines as *Between Spaces* was first delineated.

In this way, her projects start out from the conviction that it is possible to conceive architectures that establish a notion of collective space. Projects such as that of Casa T, Uramita, La Pradera and others where elements such as an external corridor, a masonry bench in a hallway, a balcony, a porch, a patio or a garden, contain in their form a possibility, a potential to be a point of encounter, a social space. The accumulation of these moments constructs the possibility of an alternative collective imaginary. In her work, design can be understood as research and as a disciplinary approach to knowing that informs a vision of architecture as a political and social fact.

Ana Elvira's research into rural housing recognizes the countryside as a diverse space in terms of territory and production. She presents projects that refer to local typologies and their capacity to understand the climate and expand on material options, while incorporating the rituals of work into domestic life. For example, in Aldea Navarro she creates a system for grouping homes around communal vegetable gardens, which in turn group themselves around public spaces furnished with sports and cultural amenities that respect and take into account the conditions of the territory, such as the river and the flood zones. Here, the collective aspect recognizes the different scales, and avails of the climatic and geographical conditions that assign a special value to the project because it understands rurality as a cultural and special value.

However, the work of Ana Elvira is not limited to collective housing, and her ideas appear and unfold on different scales and programs. The first public space project she built, the Barefoot Park, has an important value as a pioneering work. Developed at a time when Medellín residents had completely lost the possibility of using public space due to drug-related gang violence, this park laid claim to the public realm with a space open to everyone, despite the complexity from an institutional standpoint. The Barefoot Park is perhaps the first project from this period, in late 1999, when the city realized how architecture can play a part in social transformation while also constructing a collective imaginary of the city.

Years later, something similar happened with the project for the perimeter of Medellín's Botanical Garden, thanks to the decision to pull back the boundary and establish a public space for the city around the length of its fence: a place of encounter between the Garden and the city. This was a fundamental gesture that today still maintains its impact.

This book is not only about someone with a special talent for design (of which there is abundant evidence) but about a social intelligence, an ability to understand the functioning of political and social forces, placed at the service of the community. Ana Elvira's gaze seeks out institutional, social and working conditions where the impact of her efforts can be multiplied. While the focus of her concerns is clearer in the built works, from a disciplinary standpoint her work cannot be properly appreciated without making reference to the strategic alliances and cooperation that she pursues in order to bring the projects to fruition. The complexity of the conditions underlying Ana Elvira's work finds its balance in the disarming simplicity of the ideas she promotes, because *Between Spaces* is not a slogan, it is a strategy that seeks to emphasize what in other contexts is taken for granted: the hallways, the stairs, the corridors, the balconies, the patios and the squares. To reinstate these elements as spaces for association, communication, and negotiation.

We cannot end without referring to the small mobile that Ana Elvira designed for the exhibition *What is tropical?* Here she shows us how the elements of architecture that others see as secondary and utilitarian can be reclaimed as the keys for interpreting a career dedicated to constructing the collective imaginary of a possible city, while demonstrating that this is not only viable in architecture but also necessary and urgent.

EL PODER DE LO BELLO

Lo primero que recuerdo del trabajo de Ani son las imágenes de maquetas y dibujos que presentaba en sus conferencias en la Universidad Pontificia Bolivariana, en Medellín, a finales de los años noventa. Hacían parte de sus primeros proyectos construidos: Atlántida y Villa Amapola (1994). Había algo especial en ellos; eran dibujos de líneas simples y austeras, ricos espacialmente y con un claro interés por explorar la vivienda a través de la geometría. Se trataba de proyectos hechos con recursos mínimos, pero llenos de arquitectura.

Figura 1.
Concurso Colpatria

En años posteriores, su trabajo ha marcado una pauta para el diseño urbano de Medellín. Su participación en el parque de los Pies Descalzos (2000), en el conjunto de viviendas La Playa (2004) o en la renovación del Jardín Botánico (2007), son ejemplos de cómo construir bien la ciudad, desde distintas escalas y programas sin olvidar las preguntas fundamentales: cómo diseñar de acuerdo con los hábitos de las personas o cuáles son las proporciones que un espacio confortable debe tener. Esta actitud es una de las lecciones valiosas que he encontrado en su trabajo.

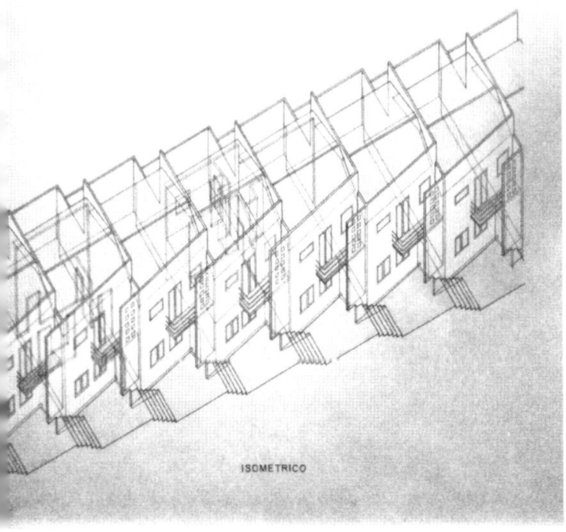

Figura 2.
Urbanización Atlántida I

En 2021 coincidimos en la exposición llamada *La rambla*, donde fuimos invitados a presentar una instalación que reflexionara sobre el trópico. Ani exhibió una pieza llamada *Entre espacios*, un móvil que enseña los espacios intermedios presentes en sus proyectos y obras, esos lugares que vinculan la vida privada con la esfera pública, y que son claves para entender y articular su trabajo en el contexto y el paisaje colombiano. La arquitectura de Ani recuerda los textos del arquitecto Carlos Mesa[1] dedicados a la vivienda urbana de las laderas del Valle de Aburrá, y remite también a los proyectos de vivienda colectiva de Álvaro Siza Vieira, a la reflexión que este autor hace sobre las circulaciones, las terrazas y el espacio común.

---

[1] «Formas estéticas y geografía de la casa urbana. Anotaciones sobre planeación». *Revista Universidad Nacional de Colombia*. 1994.

De todas las propuestas presentadas por los estudios de arquitectura en esa exposición, la suya era la de menor tamaño, pero la que me resultó más interesante por su claridad y sencillez. Me llevó a recordar el texto de Ramon Folch titulado *Que lo hermoso sea poderoso*[2], en el que alude a la belleza como una fuerza que puede transformar la sociedad y el medio ambiente independiente de su escala.

---

[2] Del Libro: *Que lo hermoso sea poderoso: sobre ecología, educación y desarrollo*, por Ramon Folch i Guillèn, 1990, Alta Fulla.

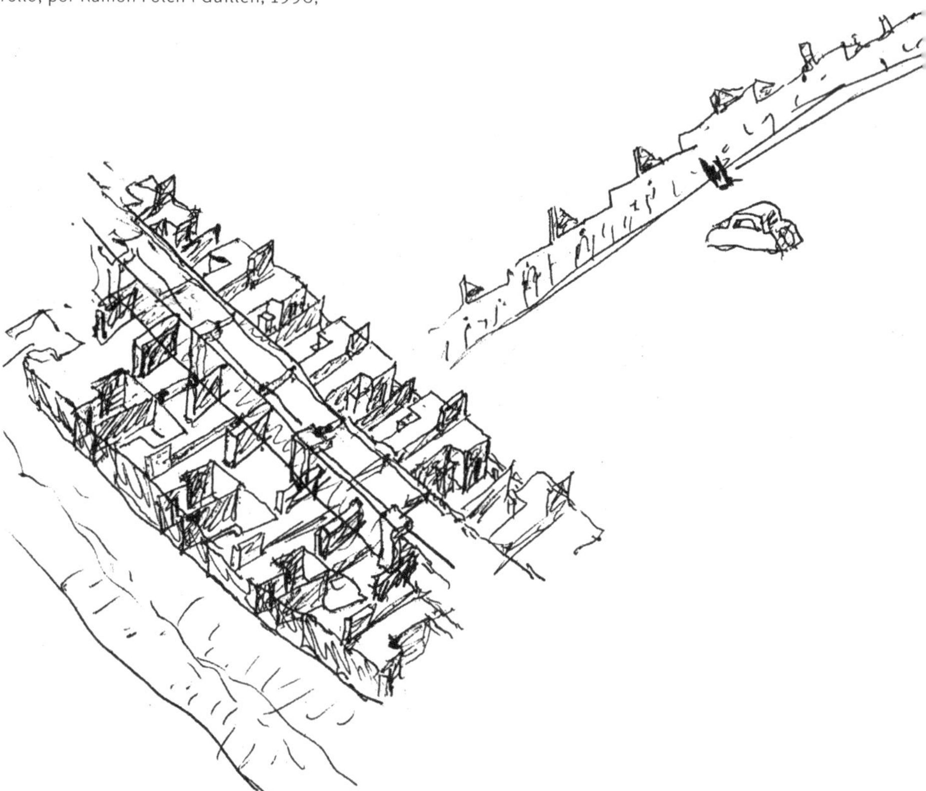

Figura 3.
Quinta de la Malagueira. Álvaro Siza Vieira

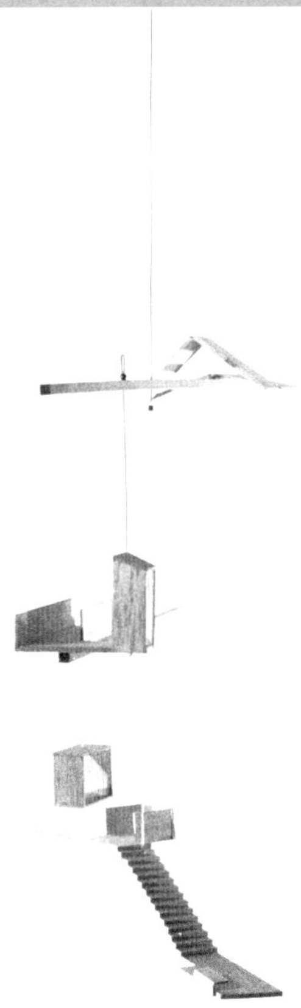

Ani ha construido una línea de pensamiento propio. Una anécdota que ella suele contar es cómo al enfrentar su primer encargo decidió comprar una cinta métrica para medir cada espacio que iba a proyectar. Esta acción refleja su búsqueda por construir la arquitectura desde el sentido común, sumada a la noción de que lo bello debe ser sencillo, que en su obra toma sentido a partir del manejo de la escala, la racionalidad y la limpieza de las formas. Pero esta belleza que surge en la austeridad se manifiesta desde los lugares en los que se instala porque es sensible a los paisajes y a sus habitantes. Muestra de ello son los proyectos de vivienda social realizados con su padre como La Playa o Punta de Piedra (2006) o proyectos más recientes, primero con VIVA (Empresa de Vivienda de Antioquia) en los municipios de Peque y Uramita (2014) y en los últimos años con la caja de compensación Comfama (Curazaos, 2020). Todas estas obras demuestran que es posible conseguir belleza con pocos recursos mediante las técnicas constructivas locales.

Figura 4.
Móvil. *Entre espacios*. 2021

Recientemente tuve la oportunidad de trabajar con Ani, luego de haber ganado el primer lugar en el concurso de Vivienda rural productiva Aldea Navarro (2021), proyecto del Fondo Especial de Vivienda de Cali. Gracias a ello he podido confirmar lo que ya intuía: El trabajo de Ani está asociado a la coherencia, tanto a la forma como piensa sus proyectos como a la manera en que los aborda y construye, por eso es interesante y vital.

Este libro, didáctico y generoso en ejemplos, condensa años de experiencia y reflexión sobre la arquitectura y por ello es un legado del cual tenemos mucho por aprender.

THE POWER OF BEAUTY

The first thing I remember about Ani's work are the images of models and drawings that she presented in her lectures at the Universidad Pontificia Bolivariana in Medellín in the late 1990s. These were taken from her first two built projects: Atlántida and Villa Amapola (1994). There was something special about them; they were simple and austere line drawings yet spatially rich and expressing a clear interest in exploring housing through geometry. These were projects built with minimal budgets, yet full of architecture.

Figure 1.
Colpatria Competition

In later years, her work set a standard for urban design in Medellín. Her involvement in the Barefoot Park (2000), in the La Playa housing complex (2004), and in the renovation of the Botanic Garden (2007) are clear examples of how to build the city on different scales and programs without losing site of the fundamental questions: how to design in accordance with people's habits, or what proportions a comfortable space should have. This attitude is one of the most valuable lessons I have encountered in her work.

Figure 2.
Atlántida I Housing Complex

In 2021 we coincided on the exhibition called *La Rambla*, where we were invited to present an installation that reflected on the tropics. Ani exhibited a piece she called *Between Spaces*, a mobile that displays the intermediate spaces present in her projects and works: those places that connect private life with the public sphere and that are so key to understanding and articulating her work in the Colombian context and landscape. Ani's architecture recalls the texts of architect Carlos Mesa[1] dedicated to urban housing built on the slopes of the Aburrá valley, and also evokes the collective housing projects of Álvaro Siza Vieira, and his reflections on circulation routes, terraces, and shared space.

1 "Formas estéticas y geografía de la casa urbana. Anotaciones sobre planeación". *Revista Universidad Nacional de Colombia*. 1994.

Of all the proposals presented by architecture studios at that exhibition, hers was the smallest in size, but in my view it was the most interesting thanks to its clarity and simplicity. It reminded me of the text by Ramon Folch entitled *Que lo hermoso sea poderoso* (May the Beautiful be Powerful)[2], in which he alludes to beauty as a power that can transform society and the environment regardless of its scale.

2 *Que lo hermoso sea poderoso: sobre ecología, educación y desarrollo*, Ramon Folch i Guillèn, 1990, Alta Fulla.

Figure 3.
Quinta de la Malagueira. Álvaro Siza Vieira

Ani has built her own line of thought. An anecdote she likes to tell is how when faced with her first commission she decided to buy a measuring tape in order to measure each space she was going to design. This action reflects her determination to build architecture on the basis of common sense, together with the notion that beauty should be simple, which in her work manifests itself in her handling of scale, and the rationality and purity of her forms. Yet this beauty that emerges in austerity expresses itself where it does because it is sensitive to the landscapes and to their inhabitants. Proof of this are the social housing projects built together with her father, such as La Playa or Punta de Piedra (2006) or later projects, first with Viva (Empresa de Vivienda de Antioquia) in the municipalities of Peque and Uramita (2014) and in more recent years with the Comfama Compensation Fund (Curazaos, 2020). All of these works demonstrate that it is possible to achieve beauty with limited resources and using local construction techniques.

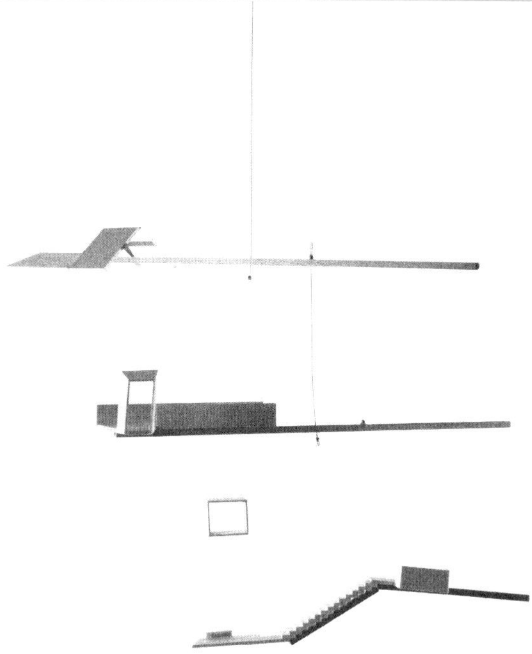

Figure 4.
Mobile. *Between Spaces*. 2021

Recently, I had the chance to work together with Ani, after winning first place in the Aldea Navarro productive rural housing competition (2021), a project run by the Cali Special Housing Fund. Thanks to this experience I was able to confirm what I already intuited: Ani's work is characterized by coherence, both in the way she thinks about her projects and in the way she approaches and builds them, which is why it is interesting and vital.

This book, both instructive and generous in examples, condenses years of experience and reflection on architecture, making it a legacy from which we have much to learn.

CRONOLOGÍA DE OBRAS Y PROYECTOS / CHRONOLOGY OF WORKS AND PROJECTS

▼▼▼ PÚBLICO

★★★ PRIVADO

▼★▼ PÚBLICO PRIVADO

1990

1995

2000

VIVIENDA →→→

VIVIENDA COLECTIVA →→→

★★★ ATLÁNTIDA I

★★★ CAÑAVERAL

★★★ VILLA AMAPOLA

★★★ LOS FRAILES

★★★ COLPATRIA

★★★ IDALIA

★★★ ATLÁNTIDA II

EDIFICIO Y ESPACIO PÚBLICO →→→

★★★ PARQUE DE LOS PIES DESCALZOS

▼▼▼ CATEDRAL DE SAL

▼▼▼ PARQUE DE LAS FLORES

▼▼▼ IDEAS METRO MEDELLÍN

▼▼▼ MANZANA T

2005 2010 2015 2020 2025

★★★
CASA RUSIA

★★★
ARROYUELOS

★★★
FINCA BR

★★★
CASA ASTURIAS

▼▼▼
CASAS RURALES

★★★
ALTAMIRA

★★★
CASA CAFETERA

★★★
CASA DE LA CEIBA

★★★
LA SIRIA

★★★
SAN JERÓNIMO DE YUSTE

▼▼▼
PEQUE

▼★▼
VILLAS GUATAPURÍ

▼▼▼
URAMITA

▼★▼
SAN MARINO II

★★★
LA PLAYA

▼★▼
CASA T

★★★
CAMINITO 72

★★★
SAUCEDAL

▼★▼
LA PRADERA

▼▼▼
ALDEA NAVARRO

★★★
PATIO DE LA CHIMENEA

▼★▼
LA HABANA

▼★▼
ARRAYANES

▼★▼
SAN PABLO APÓSTOL

★★★
PUNTA DE PIEDRA

▼★▼
JARDINES COMFAMA

▼★▼
COLINITA

▼▼▼
CAJA BÁSICA

★★★
CORE

▼★▼
PASCASIO

★★★
BORDE JARDÍN
BÓTANICO

▼▼▼
PARQUE EDUCATIVO
HISPANIA

★★★
ALTO DEL
MERCADO

★★★
CAFÉ DEL BOSQUE

▼★▼
JARDINES
PLAN MAESTRO

★★★
CÁMARA DE COMERCIO
DE ARAUCA

▼★▼
ENTRE ORILLAS

★★★
ENTRE ESPACIOS

★★★
ANA URREA BOUTIQUE

★★★
PISO PILOTO

▼▼▼
JARDINES INFANTILES

★★★
PARQUE BARROBLANCO

CRÉDITOS
CREDITS

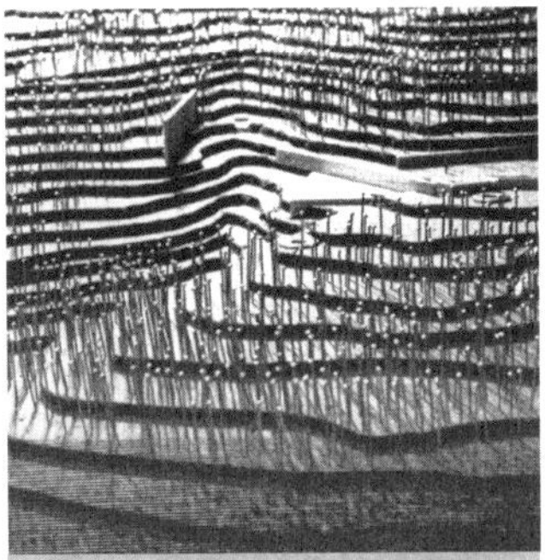

1

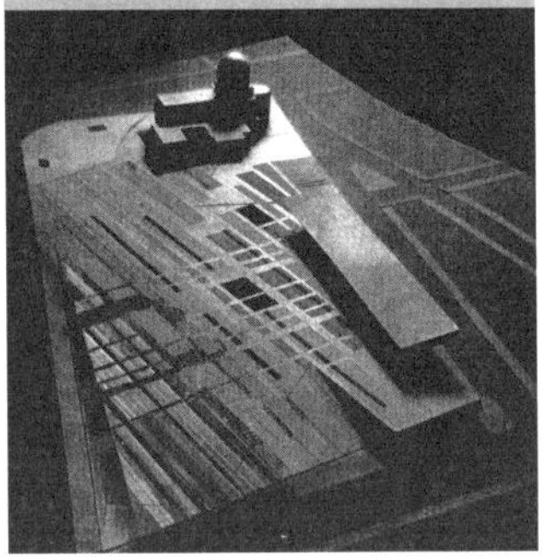

3

1. Catedral de Sal
AÑO / YEAR: 1992
LUGAR / LOCATION: Zipaquirá, Cundinamarca
ENCARGO / CLIENT: Concurso público / Public competition
USO / USE: Monumento religioso
ARQUITECTOS / ARCHITECTS: Alejandro Echeverri, Juan Bernardo Echeverri, Ana Elvira Vélez

2. Atlántida I
AÑO / YEAR: 1992-1994
LUGAR / LOCATION: Medellín, Antioquia
ENCARGO / CLIENT: Privado
USO / USE: Vivienda colectiva / Collective housing / Collective housing
ARQUITECTOS / ARCHITECTS: Ana Elvira Vélez
PREMIOS / AWARDS: Mención Proyecto arquitectónico / Special mention, architectural project XIV BCAU 1994

3. Parque de las Flores
AÑO / YEAR: 1994
LUGAR / LOCATION: Medellín, Antioquia
ENCARGO / CLIENT: Concurso público / Public competition SCA
USO / USE: Espacio público / Public space
ARQUITECTOS / ARCHITECTS: Alejandro Echeverri, Juan Bernardo Echeverri, Ana Elvira Vélez
PREMIOS / AWARDS: Mención de honor / Honorable mention SCA 1994

4. Villa Amapola
AÑO / YEAR: 1993-1994
LUGAR / LOCATION: La Ceja, Antioquia
ENCARGO / CLIENT: Privado / Private
USO / USE: Vivienda colectiva / Collective housing
ARQUITECTOS / ARCHITECTS: Ana Elvira Vélez
Distinción / Distinction: Seleccionado / Selected Proyecto Arquitectónico XVI BCAU 1996

5. Colpatria
AÑO / YEAR: 1995
LUGAR / LOCATION: Bogotá, Cundinamarca
ENCARGO / CLIENT: Concurso privado / Private competition
USO / USE: Vivienda colectiva / Collective housing
ARQUITECTOS / ARCHITECTS: Ana Elvira Vélez

6. Atlántida II
AÑO / YEAR: 1994-1995
LUGAR / LOCATION: Medellín, Antioquia
ENCARGO / CLIENT: Privado / Private
USO / USE: Vivienda colectiva / Collective housing
ARQUITECTOS / ARCHITECTS: Ana Elvira Vélez

5

9

13

7. Manzana T

AÑO / YEAR: 1996
LUGAR / LOCATION: Cali, Valle del Cauca
ENCARGO / CLIENT: Concurso público / Public competition
USO / USE: Espacio público / Public space
ARQUITECTOS / ARCHITECTS: Alejandro Echeverri, Juan Bernardo Echeverri, Ana Elvira Vélez
PREMIOS / AWARDS: Primer puesto / First place 1996

8. Cañaveral

AÑO / YEAR: 1996-1998
LUGAR / LOCATION: Medellín, Antioquia
ENCARGO / CLIENT: Privado / Private
USO / USE: Vivienda colectiva / Collective housing
ARQUITECTOS / ARCHITECTS: Ana Elvira Vélez
COLABORADOR: Jorge Uribe
PREMIOS / AWARDS: Mención Proyecto arquitectónico / Special mention, architectural project XVII BCAU 2000. Seleccionado / Selected I BIAU 1998

9. Los Frailes

AÑO / YEAR: 1999-2000
LUGAR / LOCATION: Santo Domingo, República Dominicana
ENCARGO / CLIENT: Privado
USO / USE: Vivienda colectiva / Collective housing
ARQUITECTOS / ARCHITECTS: Ana Elvira Vélez

10. Parque de los Pies Descalzos

BAREFOOT PARK
AÑO / YEAR: 1999-2000
LUGAR / LOCATION: Medellín, Antioquia
ENCARGO / CLIENT: Privado / Private
USO / USE: Espacio público / Public space
ARQUITECTOS / ARCHITECTS: LAUR FAUPB, Jorge Pérez Jaramillo, Giovanna Spera, Felipe Uribe de Bedout, Ana Elvira Vélez
COLABORADORES / TEAM MEMBERS : Orlando García, Guillermo Valencia, Andrés Montoya, Catalina Hernández
PREMIOS / AWARDS: Mención Proyecto Urbano XVIII BCAU 2002

11. Idalia

AÑO / YEAR: 2000
LUGAR / LOCATION: Santo Domingo, República Dominicana
ENCARGO / CLIENT: Privado / Private
USO / USE: Vivienda colectiva / Collective housing
ARQUITECTOS / ARCHITECTS: Ana Elvira Vélez

12. Ideas Metro Medellín

AÑO / YEAR: 2001
LUGAR / LOCATION: Medellín, Antioquia
ENCARGO / CLIENT: Concurso público / Public competition
USO / USE: Espacio público / Public space
ARQUITECTOS / ARCHITECTS: Juan Bernardo Echeverri, Giovanna Spera, Ana Elvira Vélez, Felipe Mesa, Alejandro Bernal

13. San Jerónimo de Yuste

AÑO / YEAR: 2001-2004
LUGAR / LOCATION: Bogotá, Cundinamarca
ENCARGO / CLIENT: Concurso privado / Private competition Compensar
USO / USE: Vivienda colectiva / Collective housing
ARQUITECTOS / ARCHITECTS: Ana Elvira Vélez
COLABORADORES / TEAM MEMBERS: Felipe Mesa, Alejandro Bernal
PREMIOS / AWARDS: Primer puesto / First place 2001

15

16

18

14. La Playa
AÑO / YEAR: 2001-2004
LUGAR / LOCATION: Medellín, Antioquia
ENCARGO / CLIENT: Privado / Private
USO / USE: Vivienda colectiva / Collective housing
ARQUITECTOS / ARCHITECTS: Juan Bernardo Echeverri, Ana Elvira Vélez
COLABORADOR / TEAM MEMBER: Carlos Andrés Pérez
PREMIOS / AWARDS: Germán Samper Gnecco XIX BCAU 2004. Finalista / Finalist IV Bienal Iberoamericana de Arquitectura

15. Patio de la Chimenea
AÑO / YEAR: 2003-2004
LUGAR / LOCATION: Medellín, Antioquia
ENCARGO / CLIENT: Privado
USO / USE: Vivienda colectiva / Collective housing
ARQUITECTOS / ARCHITECTS: Juan Bernardo Echeverri, Ana Elvira Vélez
Colaborador: Carlos Andrés Pérez

16. Punta de Piedra
AÑO / YEAR: 2002-2006
LUGAR / LOCATION: Medellín, Antioquia
ENCARGO / CLIENT: Privado
USO / USE: Vivienda colectiva / Collective housing
ARQUITECTOS / ARCHITECTS: Juan Bernardo Echeverri, Ana Elvira Vélez
COLABORADOR / TEAM MEMBER: Carlos Andrés Pérez, Esteban Botero, Eliana Beltrán
PREMIOS / AWARDS: Mención Proyecto arquitectónico / Special mention, architectural project XX BCAU 2006

17. Caja Básica
AÑO / YEAR: 2007
LUGAR / LOCATION: Medellín, Antioquia
ENCARGO / CLIENT: Concurso Premio Corona Pro-Hábitat
USO / USE: Vivienda colectiva / Collective housing
ARQUITECTOS / ARCHITECTS: Ana Elvira Vélez
COLABORADORES / TEAM MEMBERS: Eliana Beltrán
PREMIOS / AWARDS: Tercer puesto / Third place

18. Borde Jardín Botánico
BOTANICAL GARDEN BORDER
AÑO / YEAR: 2005-2007
LUGAR / LOCATION: Medellín, Antioquia
ENCARGO / CLIENT: Privado / Private
USO / USE: Espacio público / Public space
ARQUITECTOS / ARCHITECTS: Lorenzo Castro Jaramillo, Ana Elvira Vélez
COLABORADORES / TEAM MEMBERS: Jhenny Nieto, Julia Cano, Eliana Beltrán, Ligia Cardona, Juan Camilo Baquero
PREMIOS / AWARDS: Diseño Urbano y Paisajístico Premio Karl Brunner XXII BCAU 2010. Primer puesto / First place Categoría Urbana XVII BAQ

20

21

25

19. Café del Bosque

AÑO / YEAR: 2005-2007
LUGAR / LOCATION: Medellín, Antioquia
ENCARGO / CLIENT: Privado / Private
USO / USE: Espacio público / Public space
ARQUITECTOS / ARCHITECTS: Lorenzo Castro Jaramillo, Ana Elvira Vélez
COLABORADORES / TEAM MEMBERS: Jhenny Nieto, Julia Cano, Eliana Beltrán, Ligia Cardona
PREMIOS / AWARDS: Mención Proyecto arquitectónico / Special mention, architectural project XXII BCAU 2010. Nominado Premio Latinoamericano de Arquitectura Rogelio Salmona 2018

20. Casa Rusia

AÑO / YEAR: 2007-2008
LUGAR / LOCATION: Medellín, Antioquia
ENCARGO / CLIENT: Privado / Private
USO / USE: Vivienda unifamiliar / Single-family dwelling
ARQUITECTOS / ARCHITECTS: Ana Elvira Vélez
COLABORADORES / TEAM MEMBERS: Eliana Beltrán

21. Arroyuelos

AÑO / YEAR: 2007-2008
LUGAR / LOCATION: Rionegro, Antioquia
ENCARGO / CLIENT: Privado / Private
USO / USE: Vivienda unifamiliar / Single-family dwelling
ARQUITECTOS / ARCHITECTS: Ana Elvira Vélez
COLABORADORES / TEAM MEMBERS: Eliana Beltrán

22. Cámara de Comercio de Arauca

ARAUCA CHAMBER OF COMMERCE
AÑO / YEAR: 2008
LUGAR / LOCATION: Arauca, Arauca
ENCARGO / CLIENT: Concurso privado / Private competition
USO / USE: Edificio público / Public building
ARQUITECTOS / ARCHITECTS: Juan Bernardo Echeverri, Ana Elvira Vélez
COLABORADORES / TEAM MEMBERS: Eliana Beltrán, Ricardo Cardona

23. Ana Urrea Boutique

AÑO / YEAR: 2008
LUGAR / LOCATION: Medellín, Colombia
ENCARGO / CLIENT: Privado / Private
USO / USE: Comercial
ARQUITECTOS / ARCHITECTS: Ana Elvira Vélez
COLABORADORES / TEAM MEMBERS: Eliana Beltrán

24. Casa Asturias

AÑO / YEAR: 2008
LUGAR / LOCATION: Medellín, Colombia
ENCARGO / CLIENT: Privado / Private
USO / USE: Vivienda unifamiliar / Single-family dwelling
ARQUITECTOS / ARCHITECTS: Juan Bernardo Echeverri, Ana Elvira Vélez

25. Jardines infantiles

AÑO / YEAR: 2009
LUGAR / LOCATION: Medellín, Antioquia
ENCARGO / CLIENT: Concurso público / Public competition
USO / USE: Edificio público / Public building
ARQUITECTOS / ARCHITECTS: Juan Bernardo Echeverri, Ana Elvira Vélez, Paisajes Emergentes
COLABORADORES / TEAM MEMBERS: Carlos Andrés Pérez
Premio: Segundo puesto

26. Altamira

AÑO / YEAR: 2009
LUGAR / LOCATION: El Retiro, Antioquia
ENCARGO / CLIENT: Privado / Private
USO / USE: Vivienda unifamiliar / Single-family dwelling
ARQUITECTOS / ARCHITECTS: Ana Elvira Vélez

31

33

35

27. Casa de la Ceiba
AÑO / YEAR: 2009
LUGAR / LOCATION: La Ceja, Antioquia
ENCARGO / CLIENT: Privado / Private
USO / USE: Vivienda unifamiliar / Single-family dwelling
ARQUITECTOS / ARCHITECTS: Ana Elvira Vélez

28. Saucedal
AÑO / YEAR: 2009
LUGAR / LOCATION: Bogotá, Cundinamarca
ENCARGO / CLIENT: Concurso privado / Private competition
USO / USE: Vivienda colectiva / Collective housing
ARQUITECTOS / ARCHITECTS: Ana Elvira Vélez, Gerardo Olave, Andrés Castro, Rodrigo Chaín
Premio: Primer puesto / First place

29. La Siria
AÑO / YEAR: 2010
LUGAR / LOCATION: Amagá, Antioquia
ENCARGO / CLIENT: Privado / Private
USO / USE: Vivienda unifamiliar / Single-family dwelling
ARQUITECTOS / ARCHITECTS: Juan Bernardo Echeverri, Ana Elvira Vélez

30. Finca BR
AÑO / YEAR: 2012
LUGAR / LOCATION: Rionegro, Antioquia
ENCARGO / CLIENT: Privado / Private
USO / USE: Vivienda unifamiliar / Single-family dwelling
ARQUITECTOS / ARCHITECTS: Ana Elvira Vélez

31. Alto del Mercado
AÑO / YEAR: 2012-2013
LUGAR / LOCATION: Marinilla, Antioquia
ENCARGO / CLIENT: Privado / Private
USO / USE: Educativo / Educational
ARQUITECTOS / ARCHITECTS: Alejandro Echeverri, Juan Bernardo Echeverri, Ana Elvira Vélez
PREMIOS / AWARDS: Mención Proyecto arquitectónico / Special mention, architectural project XXIV BCAU 2014

32. Parque Educativo Hispania
AÑO / YEAR: 2013-2017
LUGAR / LOCATION: Hispania, Antioquia
ENCARGO / CLIENT: Público / Public
USO / USE: Educativo / Educational
ARQUITECTOS / ARCHITECTS: Ana Elvira Vélez
Colaborador: Juan Pablo Benavides
PREMIOS / AWARDS: Mención Proyecto arquitectónico / Special mention, architectural project XXVI BCAU 2018

33. Casas rurales
AÑO / YEAR: 2012-2015
LUGAR / LOCATION: Antioquia
ENCARGO / CLIENT: Público / Public
USO / USE: Vivienda rural / Rural housing
ARQUITECTOS / ARCHITECTS: Ana Elvira Vélez
COLABORADORES / TEAM MEMBERS : Laboratorio de Vivienda y Hábitat VIVA

34. Uramita
AÑO / YEAR: 2013-2015
LUGAR / LOCATION: Uramita, Antioquia
ENCARGO / CLIENT: Público / Public
USO / USE: Vivienda colectiva / Collective housing
ARQUITECTOS / ARCHITECTS: Giovanna Spera, Ana Elvira Vélez
COLABORADORES / TEAM MEMBERS: Laboratorio de Vivienda y Hábitat VIVA

35. Peque
AÑO / YEAR: 2013-2015
LUGAR / LOCATION: Uramita, Antioquia
ENCARGO / CLIENT: Público / Public
USO / USE: Vivienda colectiva / Collective housing
ARQUITECTOS / ARCHITECTS: Javier Castañeda, Giovanna Spera, Ana Elvira Vélez
COLABORADORES / TEAM MEMBERS: Laboratorio de Vivienda y Hábitat VIVA

36

39

43

36. Casa Cafetera
AÑO / YEAR: 2015
LUGAR / LOCATION: Uramita, Antioquia
ENCARGO / CLIENT: Concurso Premio Corona Pro-Hábitat
USO / USE: Vivienda rural / Rural housing
ARQUITECTOS / ARCHITECTS: Ana Elvira Vélez, Beatriz Rave, María Isabel Arango Tapias
Premio: Primer puesto / First place Zona Centro

37. Entre Orillas
AÑO / YEAR: 2015
LUGAR / LOCATION: Medellín, Antioquia
ENCARGO / CLIENT: Público-privado / Public-private
USO / USE: Espacio público / Public space
ARQUITECTOS / ARCHITECTS: Alejandro Echeverri, Ana Elvira Vélez, Urbam Eafit

38. Piso Piloto
AÑO / YEAR: 2015
LUGAR / LOCATION: Medellín y Barcelona
ENCARGO / CLIENT: Privado / Private
USO / USE: Exposición / Exhibition
ARQUITECTOS / ARCHITECTS: Ana Elvira Vélez
COLABORADOR / TEAM MEMBER: Isaac Ramírez

39. La Pradera
AÑO / YEAR: 2015-2016
LUGAR / LOCATION: Salgar, Antioquia
ENCARGO / CLIENT: Público-privado / Public-private
USO / USE: Vivienda colectiva / Collective housing
ARQUITECTOS / ARCHITECTS: Ana Elvira Vélez, Taller Síntesis
PREMIOS / AWARDS: Segundo lugar / Second place Hábitat Social XXVI BCAU 2018

40. La Habana
AÑO / YEAR: 2015-2016
LUGAR / LOCATION: Salgar, Antioquia
ENCARGO / CLIENT: Público-privado / Public-private
USO / USE: Vivienda colectiva / Collective housing
ARQUITECTOS / ARCHITECTS: Ana Elvira Vélez, Taller Síntesis
PREMIOS / AWARDS: Segundo lugar / Second place Hábitat Social XXVI BCAU 2018

41. Parque Barroblanco
AÑO / YEAR: 2016
LUGAR / LOCATION: Rionegro, Antioquia
ENCARGO / CLIENT: Privado / Private
USO / USE: Residencial / Residential
ARQUITECTOS / ARCHITECTS: Ana Elvira Vélez
COLABORADOR / TEAM MEMBER: Juan Pablo Benavides

42. Jardines Plan Maestro
AÑO / YEAR: 2017
LUGAR / LOCATION: Apartadó, Antioquia
ENCARGO / CLIENT: Público-privado / Public-private
USO / USE: Plan Maestro / Master Plan
ARQUITECTOS / ARCHITECTS: Alejandro Echeverri, Ana Elvira Vélez, Sebastián Bustamante, Isabel Basombrío, Juliana Gómez, Javier Cuadros, Urbam Eafit

43. Jardines Comfama
AÑO / YEAR: 2017-actualidad
LUGAR / LOCATION: Apartadó, Antioquia
ENCARGO / CLIENT: Público-privado / Public-private (Comfama)
USO / USE: Vivienda colectiva / Collective housing
ARQUITECTOS / ARCHITECTS: Taller de Hábitat Comfama, Ana Elvira Vélez, Lina Gil, Sebastián Serna, Juan Pablo Giraldo, Lina Durango, Isaac Ramírez, Juliana Ramírez, Mónica López, Manuela Castillo

44. CORE
AÑO / YEAR: 2017
LUGAR / LOCATION: Medellín, Antioquia
ENCARGO / CLIENT: Privado / Private
USO / USE: Investigación
ARQUITECTOS / ARCHITECTS: Sebastián Serna Gómez, Ivone Liseth Sánchez Sierra, Alicia Betancourt Mainieri, Alejandro Vásquez Hernández, Ana Elvira Vélez

45

47

48

45. Villas Guatapurí

AÑO / YEAR: 2018-2020
LUGAR / LOCATION: Chigorodó, Antioquia
ENCARGO / CLIENT: Público-privado / Public-private (Comfama)
USO / USE: Vivienda colectiva / Collective housing
ARQUITECTOS / ARCHITECTS: Taller de Hábitat Comfama, Ana Elvira Vélez, Sebastián Serna, Juan Pablo Giraldo, Lina Durango, Isaac Ramírez, Juliana Ramírez, Mónica López, Manuela Castillo

46. San Pablo Apóstol

AÑO / YEAR: 2018-2019
LUGAR / LOCATION: La Unión, Antioquia
ENCARGO / CLIENT: Público-privado / Public-private (Comfama)
USO / USE: Vivienda colectiva / Collective housing
ARQUITECTOS / ARCHITECTS: Taller de Hábitat Comfama, Ana Elvira Vélez, Sebastián Serna, Juan Pablo Giraldo, Lina Durango, Isaac Ramírez, Juliana Ramírez, Mónica López, Manuela Castillo

47. San Marino II

AÑO / YEAR: 2018 2020
LUGAR / LOCATION: La Unión, Antioquia
ENCARGO / CLIENT: Público-privado / Public-private (Comfama + Uniban Fundación)
USO / USE: Vivienda colectiva / Collective housing
ARQUITECTOS / ARCHITECTS: Taller Hábitat Comfama, Ana Elvira Vélez, Sebastián Serna, Juan Pablo Giraldo, Lina Durango, Isaac Ramírez, Juliana Ramírez, Mónica López, Manuela Castillo.
PREMIOS / AWARDS:Nominado MCHAP 2022. Finalista / Finalist Categoría Panorama Obra XII BIAU 2022

48. Casa T

AÑO / YEAR: 2017-actualidad
LUGAR / LOCATION: Uraba, Antioquia
ENCARGO / CLIENT: Público-privado / Public-private (Comfama)
USO / USE: Vivienda aislada
ARQUITECTOS / ARCHITECTS: Taller de Hábitat Comfama, Ana Elvira Vélez, Sebastián Serna, Juan Pablo Giraldo, Lina Durango, Isaac Ramírez, Juliana Ramírez, Mónica López, Manuela Castillo

49. Entre Espacios

AÑO / YEAR: 2021
LUGAR / LOCATION: Medellín, Antioquia
ENCARGO / CLIENT: Privado / Private
USO / USE: Exposición / Exhibition
ARQUITECTOS / ARCHITECTS: Ana Elvira Vélez
COLABORADORES / TEAM MEMBERS: Juliana Ramírez, Paulina Ramírez

50. Aldea Navarro

AÑO / YEAR: 2021
LUGAR / LOCATION: Cali, Valle del Cauca
ENCARGO / CLIENT: Concurso público / Public competition
USO / USE: Vivienda rural / Rural housing productiva
ARQUITECTOS / ARCHITECTS: De Arquitectura y Paisaje DARP, Ana Elvira Vélez
PREMIOS / AWARDS: Primer puesto / First place

50

51

51. Caminito 72
AÑO / YEAR: 2020-2023
LUGAR / LOCATION: Medellín, Antioquia
ENCARGO / CLIENT: Privado / Private (Argos)
USO / USE: Vivienda colectiva / Collective housing
ARQUITECTOS / ARCHITECTS: Taller de Hábitat Comfama, Ana Elvira Vélez, Sebastián Serna, Lina Durango, Isaac Ramírez, Juliana Ramírez, Mónica López, Manuela Castillo

52. Arrayanes
AÑO / YEAR: 2019-actualidad
LUGAR / LOCATION: La Ceja, Antioquia
ENCARGO / CLIENT: Público-privado / Public private (Comfama)
USO / USE: Vivienda colectiva / Collective housing
ARQUITECTOS / ARCHITECTS: Taller de Hábitat Comfama, Ana Elvira Vélez, Sebastián Serna, Lina Durango, Isaac Ramírez, Juliana Ramírez, Mónica López, Manuela Castillo

53. Colinita
AÑO / YEAR: 2017-2024
LUGAR / LOCATION: Medellín, Antioquia
ENCARGO / CLIENT: Público-privado / Public-private (Comfama)
USO / USE: Vivienda colectiva / Collective housing
ARQUITECTOS / ARCHITECTS: Taller Hábitat Comfama, Ana Elvira Vélez, Sebastián Serna, Lina Durango, Juan Pablo Giraldo, Isaac Ramírez, Juliana Ramírez, Mónica López, Manuela Castillo

54. Pascasio
AÑO / YEAR: 2021-actualidad
LUGAR / LOCATION: Medellín, Antioquia
ENCARGO / CLIENT: Público-privado / Public-private (Comfama)
USO / USE: Vivienda colectiva / Collective housing
ARQUITECTOS / ARCHITECTS: Taller Hábitat Comfama, Ana Elvira Vélez, Sebastián Serna, Lina Durango, Isaac Ramírez, Juliana Ramírez, Mónica López, Manuela Castillo

AGRADECIMIENTOS

ACKNOWLEDGMENTS

A mi familia, Alejo, Fede y Hele, por creer en este sueño y su apoyo incondicional en mis largas noches de trabajo.
A mi madre por enseñarme a disfrutar del arte y el encanto de las ciudades.
A mi padre por darme mi primer encargo y creer en mí ciegamente: gracias infinitas por su confianza, su apoyo y su apuesta por lo desconocido.

A Jota Mario Aristizábal (Conconcreto), Beatriz Rave (VIVA), Francesco Orsini (Comfama) por creer en la vivienda colectiva de calidad.

A Isaac Ramírez por su generosidad.
A Sebastián Serna por su mirada siempre positiva.
A Isabel Garcés porque sin su conocimiento, buena energía y paciencia nunca lo habría logrado.

To my family, Alejo, Fede and Hele for believing in this dream and their unconditional support during my long nights at work.
To my mother, for showing me how to enjoy art and the delight of cities.
To my father, for giving me my first commission and believing in me blindly: infinite thanks for your trust, your support and for betting on the unknown.

To Jota Mario Aristizábal (Conconcreto), Beatriz Rave (VIVA), Francesco Orsini (Comfama) for believing in quality collective housing.

To Isaac Ramírez for his generosity.
To Sebastian Serna for his positive outlook.
To Isabel Garcés because without her knowledge, positive energy and patience I would never have made it.

Entre espacios se terminó de imprimir en octubre de 2024 en los talleres de Artes y Letras S. A. S. Para la formación de textos se utilizó la fuente tipográfica Unit Pro, diseñada por Christian Schwartz y Erik Spiekermann en 2010.